発達障害・グレーゾーンの子の

受験を突破する学習法

翼学院グループ代表取締役学院長
慶應義塾大学SFC研究所上席所員
情報経営イノベーション専門職大学客員教授
芦澤唯志

あさ出版

本書は、２０１２年2月に刊行された『１か月で偏差値20伸ばす芦澤式学習法』（産学社）を加筆修正のうえ、再編集したものです。

発達障害・愛着障害・双極性障害
不登校だった自分に“折り合い”をつけたら、

夢を叶えることができました！

学校の“問題児”が受験に成功して塾の経営者・大学教授になった話

成績オール1、
学校嫌いでも
自分の「才能」を
見つける方法は
ある！

発達障害や学習障害などのお子さんの保護者さんの中には
将来が心配な方が多いかもしれません
しかし私自身の経験を踏まえて道は開ける
とお伝えしたいです
キーフレーズは
自他に折り合いをつけて得意なことで生きる
保護者さんや周囲のサポートがあれば道は開けます
実は私もたくさんの悩みを抱えた子の1人でした
ADHD
双極性障害
愛着障害
小児喘息
など…

小学校
1年生の頃
わーい✿わーい
授業中は静かに
ひょうきんなふるまいで〝みんなの中心にいる自分〟を演じていたように思います
大好き!
え…
せーの!
じょぼぼ
(朝礼台)
そのせいか…
ガチャン
いたた…
芦澤くんこれは傷害罪よ
僕何もやってない…
問題児
手に負えない!
当時は発達障害や愛着障害の理解が乏しく
小1で検査を受けさせられる経験もしました
少年補導センター
・知能検査
・情緒検査…
赤色から何を連想する?

手先が不器用なため家庭でも
バキッ
あーこのシャーペン最初から壊れてる
破壊された文房具たち…
問題があるたびに父からは殴られ
バチン
バチン
出ていけ
言葉を真に受けて家出したこともあります
小学校に勧められて心理カウンセリングを受け
精神科の薬も処方され
それでも事態は変わりませんでした

専門家の支援や治療より
ター坊!
近所の酒屋さん
腹が立ったら心の中で10数えろ
ター坊は決して悪い子なんかじゃない!
うん!
むしろこっちの方が救いでした
こんなヤンチャな子でしたが実は3歳から小児喘息を患っており
わー
わー
ケホ…
外遊びや運動は制限されていました
そんな寂しさを紛らわせてくれたのが読書
○○製本
父が小さな町工場で製本の仕事をしていたので本に囲まれていたのです

しかし
小学6年の時
衝撃的な
出来事が…
仲間外れに
された子を
助けてきたら
行こーぜ
自分が
仲間外れに
されてしまった
ADHD気質で
衝突を
重ねながらも
友達を大切に
してきたのに！
人間なんて
信じられ
ない…
家から外に
出られなく
なり
何とか学校に
行っても…
アンタたち
いい加減に
しなさいよ
あんなヤツ
ほっとけ

芦澤くん 1人で 食べてないで 私たちと 食べようよ
女子に モテモテ だな
ムカつくん だよ
そんな…
段々イジメが 激しくなり 思わず
今日の 給食の パンだよ
これ宿題
帰って 明日から 来ないで
僕は 世の中に いちゃ いけないんだ
より一層 孤独感が 深まり ました

双極性障害と
診断され
うつ傾向が
強まり…
パーッ
学校
行きたく
ない…
フラ〜
そんな時に
出会ったのが
この自伝
湯川秀樹
湯川秀樹
●湯川秀樹●
物理学者。
1949年ノーベル賞
受賞。
修学旅行は
2人1組で
布団を使う
ように
そんな友達
いない…
内向的
だった
湯川少年
人と関わる
ことが少ない
物理学者を
志そう
無理して陽気に
ふるまったり
苦手な人と
関わらなくても
いいんだ

その後の私は
人は何のために生きるのか
なぜ社会集団を作るのか
小説 心理学 社会学
小説の執筆も
イジメは収まった でも人に依存せず自力で生きたい！
進学校の中学を受験
合格
やったー
しかし中学でも問題行動は続き…
わーっ
近くの高校生
何ですぐケンカするんだ
正しいと思ったことを貫いただけです
成績は最低レベル
ケンカに明け暮れながら文学にも親しむ極端な子どもでした
高校生になると
文芸コンクール
・優秀賞
芦澤唯志
すげー
やるじゃん
オレって才能ある!?
将来はマスコミの仕事がいいな
でも今の成績じゃ…

高3の冬
猛勉強を
スタート
精緻な
まとめ
ノート
声に出して
自分と対話
ブツ
ブツ
この時に自分で考え
工夫した勉強法が
「芦澤式学習法」
の基礎に
なっています
そして…
早・慶・
上智大
現役合格！
早稲田
大学
政経学部
政治学科
入学
マスコミ
業界に
就職
結婚
娘
誕生
ビートたけし
さんの会社の
ホームページを
プロデュース
ラジオ
出演
本の
執筆
講演
活動
何もかも
充実した
日々
ところ
が！
父が
自殺未遂
きっかけに
妻が
ノイローゼ
になり
離婚

うつ病も再発しました
父の暴力
娘との別れ
仕事も辞めどん底に
生活保護申請書
ああ…生きている証がほしい…
そこで私が始めたのは
自分の苦しみの原点
障害を持つ子を支援するボランティア
しかし
くぅっ
娘を思い出す
人と接するのが苦手な自閉症の子が…
さびしそう…
残りの人生
この子たちのために働こう

障害…
はじき出された学校…
苦しんでいる子どもたちのために私の経験を役立てる
これが使命だ
目標
障害がある子への教育と家庭のサポート
発達障害
学習障害
情緒障害
……
それからは仕事づけの日々
昼 公立小学校で指導員
夜 塾で学習指導
急性膵炎で生死をさまよった時も
先生ガンバレ
子どもたちの励ましで復活
退院後
翼学院創業
「学校がさじを投げた子の救世主」として1年で評判になりました
指導した中には驚くべき成長を遂げ
未来が開けた子がたくさんいます

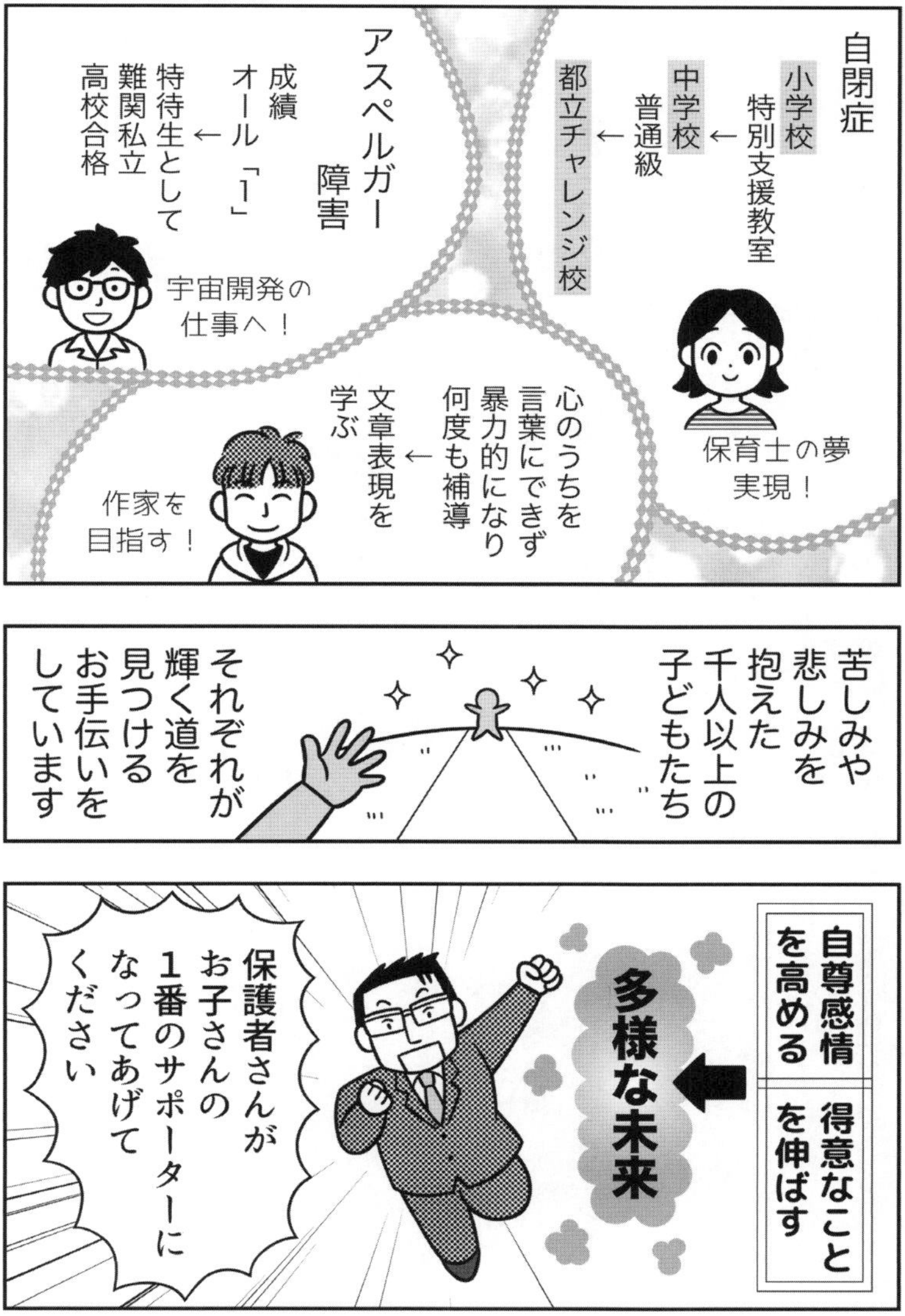
自閉症
小学校 特別支援教室 ← 中学校 普通級 ← 都立チャレンジ校
保育士の夢実現！
アスペルガー障害
成績オール「1」 ← 特待生として難関私立高校合格
宇宙開発の仕事へ！
心のうちを言葉にできず暴力的になり何度も補導 ← 文章表現を学ぶ
作家を目指す！
苦しみや悲しみを抱えた千人以上の子どもたち
それぞれが輝く道を見つけるお手伝いをしています
自尊感情を高める
得意なことを伸ばす
多様な未来
保護者さんがお子さんの1番のサポーターになってあげてください

はじめに

この本は、お子さんが発達障害やグレーゾーンと診断されたが、どうやって勉強を教えたらいいかわからない、集中して勉強してくれない、繰り返し教えているのに成績が伸びない、将来を考えるとても不安だ、などの悩みを持つ保護者の方のために、**ＡＤＨＤ、双極性障害、愛着障害、睡眠障害で、不登校を経験した私が、自分で編み出した勉強法、発達障害・グレーゾーン専門塾塾長として指導している方法を解説した本**です。

発達障害のお子さんの保護者の方はもちろん、「うちの子も、そうかも」と感じている保護者の方、指導する立場の方に読んでいただけるとうれしいです。

ここで、少し自己紹介をさせてください。

私は現在、発達障害・グレーゾーンのお子さんのための進学・補習塾である翼学院グループ（児童発達支援・放課後等デイサービスとサポート校、就職支援を併設してワンストップサービスを提供）の学院長、慶應義塾大学SFC研究所上席所員、情報経営イノベーション専門職大学客員教授を務めています。

いままで延べ1000人以上の、勉強が苦手なお子さんたちの指導をしてきました。

卒塾生の中には、偏差値が28～30前半から開成中学のような進学校に合格した子、公立中学校の中で学年内で下位10人以内の成績から東京都立高校上位校に合格した子など、**偏差値を20以上伸ばすことができた子**がたくさんいます。

今では、当塾は「学校がサジを投げた子を何とかしてくれる塾」（全国紙）「学習困難な児童・生徒を必ず進学させてくれる塾（進学率100％）」（全国ネットTV）などの評判を得て、教育界やメディアからも信頼をいただいています。

東京の下町葛飾区、駅から徒歩20分の居酒屋の裏の10畳程度の小さな教室から始まった当塾が、10年で、全国から「発達障害や学習障害のある児童・生徒の指導ならば翼学院」という評判を得て、文部科学省、教育委員会の方々も視察に来るほどの塾に成長しました。開校からさかのぼると、兄、姉、弟、妹とすでに4代にわたり、通塾してくださっているご家族もいます。「うちの子の地域にも翼学院を！」というお問い合わせに応えて、翼学院オンライン学習指導部も開校、全国で塾生が学習に励んでいます。もっとも遠距離の塾生は、アメリカのカリフォルニア州在住です。

このような塾を経営する私ですが、冒頭のマンガの通り、子どものころは短気な気質で、学校では〝問題児〟のレッテルを貼られていました（そのころは今ほど発達障害が世の中に認知されておらず、正式に発達障害と診断されたのは、大人になってからです）。中学・高校では「正しいと思うことは曲げることができず」喧嘩に明け暮れる日々を過ごしていました。

そんな有様だったので、国語を除いては、高校3年間を通じて成績は最低レベル。数学に至っては0点を取ることも稀《まれ》ではありませんでした。受験勉強は高3の秋からあわてて始める始末でした。

しかし、受験勉強は始めたものの、3つの壁にぶつかります。

第一の壁は**長時間集中して学習ができないこと**。第二の壁は**記憶が定着しないこと**。第三の壁は**ケアレスミスを多発してしまうこと**です。

それを乗り越えるために編み出した方法が、本書で紹介している勉強法や翼学院で教えている指導法のベースになっています。

当塾の学習指導メソッドは、私の名前からとって、「芦澤式」と呼ばれています。「芦澤式」のキーワードは「対話と定式化」（商標登録）。対話による思考の練習、表現力の養成、定式化による問題読解力の育成と解き方の定着を基軸としています。

学習障害と診断された子、成績オール1の子など、学習が著しく苦手な子たちが、この「芦澤式」を学ぶと、不思議と入試問題が解けるようになり、小論文や面接でもしっかりと自己表現できるようになります。

教育実習生も、大学の講義の一環として学びに来るメソッドです。私自身、大学教員や教員採用試験の試験官を務めているので、入試問題を出題する先生の心理をよく理解しているつもりです。このメソッドは単なる受験テクニックではなく、一生モノの読解力、思考力、表現力を養成する指導法だと自負しています。

お子さんが合格を勝ち取るまでのあいだ、必ずと言っていいほど保護者の方から、家庭環境に関する相談をいただきます。

学力向上には、勉強法だけでなく家庭環境も重要です。本書では、勉強法だけでなく、お子さんのタイプ別モチベーションアップの方法や、具体的な事例で家庭環境・親子関係の整え方もご紹介します。

全国の学習が苦手なお子さんの学力が向上し、志望校に合格して、将来の夢を実現することができるように、本書をご活用いただければ幸いです。

2020年9月吉日

芦澤　唯志

第1章 発達障害・グレーゾーンのお子さんのために親ができること

第2章 発達障害・グレーゾーンのお子さんを伸ばす教え方

第3章 発達障害・グレーゾーンのお子さんがみるみる変わる学習法

第4章 お子さん自身を発見して合格へ導く 面接・小論文突破法

第5章 お子さんのために、こんな先生を選ぼう

第6章 タイプ別　お子さんの支え方

制作協力／有限会社Imagination Creative
本文デザイン・DTP／大坪よしみ（瞬デザインオフィス）
校閲／槇　一八

第1章

▶ 発達障害・グレーゾーンのお子さんのために親ができること

01 発達障害・学習障害のお子さんの苦しみ

日常、発達障害を持つお子さんと関わっていて、また私自身の経験からしても、ひと口に「発達障害」といっても、あわせて知的障害をお持ちの場合や、感覚統合やコミュニケーションに苦手感があるなど、さまざまです。「○○障害」と決めつけても、一義的にその子の個性を導き出せるわけではありません。また障害に起因しない気質や生活環境なども、個性の形成に影響します。

ですから、保護者の方には「○○障害だから、こういう傾向がある」と決めつけずに、**目の前のお子さんを多面的に観て、その多様性を受け入れること**からスタートしてほしいのです。多様性を受け入れることは、対人関係においてもっとも重要で、それでいて結構困難なことです。

しかし、それだけでは障害を抱えたお子さんを支えるヒントにならないので、着眼点をお伝えしましょう。

▼具体的に褒める

多くの子が、**「自己評価が低いこと」**で悩んでいます。

障害があるとされるお子さんは、保育園、幼稚園、小学校で、「自らができないこと」と「ほかの子ができること」を見比べて育っています。

特に発達障害の場合、外見上障害があることがわかりづらいため、「とろいやつ」「社会性のないやつ」などと、評価されてしまうこともあります。

だから、「どうせ自分なんか何をやってもダメなんだ」と悲観してしまうことが少なくありません。

こうした自己評価の低下を防ぐためには、周囲の支援が不可欠です。支援者（保護者、教育関係者）は、**積極的に子どもを褒めてあげること**が重要です。

しかし、抽象的に「○○ちゃんは、すごい」と褒めるだけでは足りません。抽象的な褒め言葉は〝なぐさめ〟に聞こえてしまい逆効果だからです。

支援者は、まずはお子さんの得意なことを見つけて、得意なことをお子さんといっしょにしてみることが大切です。

このとき、支援者に求められるのは、いっしょに楽しむ姿勢です。小さな感動も「わぁ、面白いね」など言葉と態度で、本人にしっかり伝えてください。

▼スモールステップで難易度を上げる

得意なことが見つかったら、徐々にその**難易度を上げていきます**。いつまでも同レベルの課題に取り組んでいたら、先に進む喜びを感じることはできません。

褒めるときのコツは、「○○ちゃんは、△△ができるようになったね」と具体的に評価をします。

そして、「じゃあ、次にこれやってみようよ。できるんじゃない？」とステップを上げていくように導いていきます。達成感を味わいながら、少しずつ自己評価の向上に結びつけていけるように心がけます。このように徐々に進むことを、発達支援では**「スモールステップ」**と呼びます（お聞きになったことがある方も多いと思います）。

▼学習指導でのスモールステップ

学習指導でのスモールステップは、**「得意な科目から伸ばす」**ことです。得意な科目が伸びてきたら、苦手な科目にも取り組み始めます。

特に苦手なことに取り組むときは、絶対に他者の子と比較しないようにしましょう。支援者がすべきことは、課題の達成率の確認だけです。

出来、不出来は、「昨日のその子自身と比べて、どれくらい伸びたのかを見ること」だけで判断します。

そして、昨日よりも半歩でも前進していれば、褒めてあげるのです。

保護者の方も「周りの子は3分で解けるのに、うちの子は10分かかってしまった」とネガティブに考えるのではなく、「10分かけても課題を達成できた」とポジティブに考えてください。

▼観察は受容の前提

お子さんを導いていくためには、その子の個性を十分に観察して、正しく理解することが大切です。そしてその個性を支援者が受け入れ、その〝受け入れ感〟を本人と共有することです。

これが、本書で何度もお伝えしていく**〝観察〟をベースにした受容**です（くわしくは第2章以降でご紹介します）。

たとえば、計算ミスが多い場合、お子さんが「自分はうっかりミスが多いタイプなので、計算ミスを繰り返してしまう。でも、それは悪ではない」と考えるように導いていきます。

ただし、そう思っているだけでは、永久にミスはなくなりません。

そこで、支援者側の分析が必要になります。苦手科目があるお子さんは自分自身で分析ができないことが多いので、支援者が協働して分析し、対策を立てます。

たとえば、「数字を考えていくうちに、頭の中でゴチャゴチャになってしまう」

というような分析、「だから、途中式をすべて書くようにする」という対策です。この結果、計算ミスが減れば、「○○ちゃん、途中式を書いたら計算ミスが減ったじゃん！」と褒めるチャンスです。これが学習指導での「受容」です。

お子さんが途中式を書いたとき、「7を9に見えるように書いてしまう」ことに支援者が気づいたとします。支援者はここで、「7」に印をつけて、「9としっかり書くんだよ」と教えてしまいがちです。

しかし、ここで大切なことは、**お子さん自身に気づかせること**です。自分自身で気づくことで、ミスを発見できる力がつき、達成感も得られるのです。

範囲を特定して「数字が変わってしまっているところがあるね。探してごらん」と伝えてください。

次に、文字の書き方の練習を説明します。

自分でミスを発見し、文字を直すことができたら、「間違いを見つけられた」「文字がキレイにかけた」と1つひとつ褒めてください。

02 学校での成績がお子さんにとって重要な理由

学習が苦手でも、「学習以外の得意な分野を伸ばしてあげればよい」「勉強ですぐに成果を出せなくても、生涯にわたる力を身につければいい」という団体もあります。

しかし、私は**「障害があるお子さんにとっても、学校の成績は非常に重要」**だと考えています。なぜなら、**学校の成績は自己評価に直結している**からです。

「学校で悪い成績をとったことによる自己評価の低さを補う才能を見つけるのは、学校の成績を上げることよりも数十倍、数百倍難しい」です。

また「ほかのことで頑張れば……」と言い続けると、お子さんは学校や学習への参加意識からの疎外感を感じてしまいます。

たとえ、先生やクラスメイトが「君はほかのことで頑張ればいいよ」と言ってくれたとしても、お子さん自身は納得しないのではないでしょうか。

読者の方が職場で、「あなたは仕事が苦手だから、ほかのことで頑張ればいいよ。それはこれから見つけていけばいいじゃん」と言われて、うれしいでしょうか。「なぐさめはやめてくれ！」と言いたくなりはしませんか？ より一層、「仕事が苦手」なことがクローズアップされて、自己評価が下がるはずです。

ですから、お子さんが勉強が苦手でも、保護者の方は成績を上げることをあきらめないでください。

03 中学受験をする意味

私の塾には、「中学受験コース」があります。

「中学受験は成績優秀で、家計に余裕のある家の子がするもの」という世間一般のイメージと異なり、地元の公立中学校に進学したら「いじめの対象になってしまう。密な学習指導が受けられず落ちこぼれてしまう。学校の雰囲気になじめず不登校になってしまう……」。

このような事情があるお子さんが、より良質な教育を求めて私立中学に進学するために、中学受験をする例が私の塾では多いのです。

学校との相性や適性を重視して、偏差値一辺倒の受験はすすめていません。だからこそ余計に、一度中学受験を志したならば、必ず合格してもらいたい、と考えています。仮に「合格した学校に入学しないとしても」、**「受験で合格すること」**でお

子さんは自尊感情を大きく高めてくれます。

逆に、努力した結果すべて不合格では、自尊感情は著しく低下します。

小学校のときに、模試の成績も優秀で私立中学を受験したものの、実力と合っていない受験校を選択したため、すべての学校で不合格になって、地元の公立中学に進学した生徒を何名か見てきました。

その子たちは共通して、受験に著しく苦手意識を持ち、こと高校受験期となると中学受験不合格の経験がフラッシュバックし、恐怖心すら感じてしまう心理特性を持っていました。

そういう場合は、過去の受験をきちんと振り返り、励まし、試験会場に送り出します。フラッシュバックを乗り越えて高校合格を果たした子は、自信に満ちあふれています。

受験を乗り越えるとはこういうことなのか、と私たちも改めて思いを深めています。

なぜ「中学受験」と強調するのか。それは、ほぼ例外なく先に高校受験が控えているからです。

お子さんの自尊感情を守るためにも、一度受験の世界に足を踏み入れたら、何が何でも合格するしかないのです。

04 ▼ 学習指導と生活支援の両方のサポートを

手前味噌ながら私の塾ほど学習指導や生活支援、メンタルケアに総合的に成功している場は少ないと自負しています。その理由は当学院グループは「児童発達支援・放課後等デイサービス」も併設しており、学習と生活の両輪でサポートできるからです。

もう少しくわしく説明しましょう。

世の中には実に多くのカウンセリンググルームや相談窓口、放課後等デイサービスなどがあります。それらの場所では、メンタルケアや生活支援一点に絞り込んで、専門家と称するスタッフが心理検査、カウンセリング、〇〇療法、SST（社会生活技能訓練）などで、お子さんを悪く言えば〝いじくり回し〟ます。

「何でこんな検査をしなければならないんだ」「療法、って俺（私）は病気なのか？」

などの疑問を感じながら、子どもは嫌々スタッフに付き合います。

しかし、いくらカウンセリングや療法、投薬をされたとしても、学齢期のお子さんの一番の悩みである「学習に関する苦手感」「成績評価の低さによる、自尊感情の低下」は解消されません。

「勉強がわからない↓成績が悪い↓入試に受からない↓高校に進学できない」心配がある子に、いくらカウンセラーが「君には優しい心と素敵な家族がいるじゃない。成績が悪くても、進学できなくてもドンマイ！」「学習よりもＳＳＴのほうが大事でしょ」と言っても、お子さんの耳にはむなしく響くでしょう。

「うちの子は勉強ができないことなんて気にしていない。むしろそのことが親の悩みの種なんです」とおっしゃる保護者の方はたくさんいらっしゃいますが、成績が上がることで、みるみる変わるわが子をご覧になって、「やっぱり勉強って大切なんですね」と意見が変わってきます。

大切なのは、**お子さんの自尊心を高めることを目標に、勉強とメンタルケアを同時並行で行うこと**です。勉強ができるようになり、心も安定すれば、お子さんも、みるみる変わっていくのです。

05 お子さんのSOS対応を誤ると

知的障害を持つ子からギフテッドを発揮して上位校受験する子まで、その特性に応じた支援が奏功して合格率100%を誇る私の塾ですが、退塾者がゼロなわけではありません。家庭でのお子さんの支援の重要性とそのあり方について説明するため、ここで忘れることができない退塾者の例をご紹介したいと思います。

親の上昇志向のため振り回してしまう

Dさんは小学校6年の4月に、お母さんとともに当塾にやってきました。それまで大手中学受験塾に通塾していたが成績がまったく伸びず、塾内の友だちとの関係もうまくいかないため、私の塾に移籍したいとのことでした。

彼女は理解力、論理的思考力が非常に高い子だったので、1年間みっちりともに学習をすれば、模試で合格可能性10％未満とされる大学付属中学へ合格できると私は確信しました。

彼女はさっそく翌日から毎日塾に通い始めました。その結果、彼女の潜在力はみるみる開花。3か月弱の学習で、入塾前わずか10％だった志望校の合格可能性が、60％にまで上がったのです。

すると、保護者の方は猛烈な勢いで受験案内を調べ、「この学校はどうでしょうか？　うちの子の実力で受かりますか？」と頻繁に志望校変更を申し出るようになりました。

このころから、彼女の発言には「お父さんが会社の後を継げと言っている」といった家庭への不満がまじるようになってきました。

そして、彼女の将来の夢も、弁護士や医者などの一般的にステータスと収入が高いとされる仕事に次第に変わっていきました。

私は直感的に「保護者の敷いたレールに反発して、そのかわりに保護者が納得する将来像を描いているのだな」と感じましたが、しばらくは様子を見ました。

SOSのサイン

模試の結果が出てから1週間ほどたったころから、自習のチューターを担当する講師から「Dさんがほかの子をシャープペンシルでついた」や「叩いた」という報告を受けるようになりました。当塾の養護教諭（私の塾はお子さんやご家庭のメンタルケアのため、養護教諭が常駐）も、彼女が爪をかじっていたり、シャープペンシルの先で自身の手首をつつくなどの自傷行為を繰り返したりしていることに気づきました。そして、彼女が「死にたい」と言っていることを、私に報告してくれたのです。

タイミングを図り家族関係を調整へ

こうなると、もはや待ったなしです。私は彼女にさりげなく声をかけ、悩みを打ち明けてもらえるように話す機会を設けました。

彼女は私にお父さんの圧迫が非常に苦しいことを打ち明けました。ほかの家族はどのように接しているのか尋ねると、「お父さんが怖いから家族全員が従っている」とのことでした。そして、「私が苦しんでいること、少しゆるめてほしいことを、お母さんに伝えてほしい」と彼女はすがるように私に頼みました。

彼女からの要望に応えて、この段階では具体的な内容には触れず、お母さんとの面談日を決めました。ご家庭の事情をうかがったうえで、彼女の言う通りならば、お母さんに少しでも緩衝材の役割を果たしてもらえたら、と考えていました。

面談当日、彼女のお母さんは、怒った表情のお父さんをともなってやって来ました。お父さんが来る話を聞いていなかったこともさることながら、お母さんが確信を持ってお父さんを連れてきたことに、私は戸惑いを覚えました。

お父さんは開口一番、「どうせ娘は俺の悪口を言っているんだろう！」と私をにらみつけながら言います。

保護者の自尊感情もサポートする

養護教諭とともにDさんの塾での様子や、入塾以来Dさんはずっと、お父さんを自慢に思っていることを伝えると、みるみるお父さんの表情はゆるみました。「娘さんには面談の具体的な内容には触れず、様子を見守ってあげてください」とお願いし、ご両親とも「お約束します」とおっしゃっていました。そのうえで、志望校選びで右往左往することなく、娘の希望する当初の志望校を貫く、とも言ってくださいました。

ところが、やれやれと思ったのも束の間、翌日、塾に来た彼女は絶望的な暗い表情をして、「お父さんに『塾の先生に余計なことを言いやがって！』と長い時間責められた」と言ってきたのです。

その後、しばらく塾通いした彼女は「家庭教師に替える」という理由で退塾してしまいました。この間、養護教諭や彼女が信頼している講師などを通じて彼女との対話を試みましたが、彼女の心は閉ざされたままでした。

退塾後、彼女と同じ学校の生徒から、彼女はどんどん模試の成績が低下し、中学受験は断念したことを聞かされました。ご家庭がSOSを理解してくださり、塾でも支え続けてあげることができていれば、とつくづく悔やまれます。

▼すべてはお子さんの未来のために

一般的な学習塾では、ご家庭の事情には立ち入らないことがほとんどです。

ただ、ご家庭が安定しなければ、特に発達障害・グレーゾーン、低学年のお子さんは安心して勉強に専念できません。私は心理学や家庭関係調整のためのケースワークの専門トレーニングを大学院や専門機関で受けてきましたが、専門家ぶってご家庭に介入しません。翼学院グループの専門職や連携医とともにサポートします。

学習指導以外では、「日常、よく接する大人の1人」として関わるようにしています。ご家庭との調整に関わるときのスタンスは、「お子さんのためを第一として、保護者の方の立場も理解しながら、自身が嫌われ役になることもいとわぬ覚悟を持つ」を貫いています。

幸い、ほとんどのケースが「塾に相談してよかった」という結果に至っています。

これは、ご家庭と当学院グループが「お子さんのため」という旗印のもとに一致団結した結果です。

ご家庭では**「お子さんのために何が一番重要か」**を考えること（時には厳しさも必要）、そして支援者（教員、心理・福祉専門職、塾講師など）はおごり高ぶらず、慎重のうえにも慎重を重ねてお子さんと接することが大切なのです。

06
お子さんの未来を変えるお父さん（男性）の関わり方

私は以前から「父親の母親化」が問題だと指摘してきました。教育では、性別による役割分担は重要だと考えています（性差別という意味ではありません）。

父親（男性）と母親（女性）では、お子さんに対する役割は異なります。

父親（男性）の役目は、**大地に根を張るための植林をすること。お子さんの中に、「やればできる」という気持ちを育て、夢を持たせること**です。

「大学で学び、将来スペシャリストになる」「一流の職人に育てる」「おいしい料理をつくる料理人にする」と、保護者が信じられなければ、お子さんはできるとは思えません。


私の父は徹底的に私と向き合い、「やればできる」という気持ちを持たせてくれた人物の1人です。

父は町の製本屋のオヤジで、口より先に手が出るタイプでした。腕力も半端ではなく、おまけに講道館で鍛え上げた柔道の有段者です。鍛え上げた肉体で就学前から何かあるたびに張り倒されていたので、私にとっては恐怖の存在以外の何者でもありませんでした。

進学する高校・大学に対しても、「県立○○高校レベル（当時、私は埼玉県在住でした）の学校しか進学できないならば、高校は行かせない」とか「早慶レベルの大学に入学しなければ大学は進学させない」などと、学歴偏重でかなり横暴なことを言っていました。

こんな父でしたが、一貫して進路に関しては「わかるまで徹底的に話す」という姿勢を貫いてくれました。

私の将来の夢が変わったときも、父はいっしょに調べてくれてあれやこれや徹夜で夢を語り合ってくれました。父と話をしていると、あらゆる夢が実現するような気分になったものです。

お子さんの将来の夢は成長するにつれて変わるものです。変化があったときには視野が広がったことの表れだと喜び、お子さんと対話し、見守ってあげてください。

▼お子さんの夢を実現させるために保護者ができること

夢を実現するために必要なこと……。

「自分が世界を変えられると本気で信じる人たちこそが、本当に世界を変えている」

これは、まだiPhoneやiPadがブレイクする前のアップル社のCMのフレーズです。多くの自己啓発本でも言われるように、「限界は自分がつくるもの」です。夢を実現するためには、**「自分の中の可能性を信じること」**が必要なのです。

夢を実現した多くの方々とのお付き合いで、私はますますこのことを確信しました。

しかし残念ながら、誰もが「世界を変えられる」と本気で思えるわけではありません。お子さんが幼いころから無限の可能性を信じて、保護者が可能性があることを何度も伝えること、小さくてもよいから成功体験を積み重ねさせること。お子さんの夢の実現をサポートできるのは、幼いころからずっとそばにいる大人、すなわち保護者なのです。

夢を実現するためにもう1つ重要なことは、**「動機が純粋なこと（自分本位でないこと）」**です。

たとえば、会社を起業する動機が「大もうけをしたいから」という理由だけなら、誰がそんな人に力を貸すでしょうか。

夢を実現するためにはハングリーさは不可欠です。

しかし、自己本位なハングリーさだけでは、夢を実現できないのです。

成功した経営者の方は口を揃えて「会社は社会の公器」と言います。「会社は自分だけが儲けるための道具」と言う方とは、1人も出会ったことがありません。幼いころからの夢が、「人を幸せにすること」につながっているとしたら、その志は生涯朽ちることはないでしょう。

教育は、永い永いお子さんの人生の土台を築く営みです。自分のためだけでなく、誰かを幸せにすることに喜びを見出せるように、お父さん（男性）は、お子さんが乗り越える高い壁となり、ともに志を育てる存在であってほしいと願います。

07 お子さんの未来を変えるお母さん（女性）の関わり方

では、お子さんにとって母親（女性）の役割は何でしょうか。

それは、**日々苗に水を与え育むこと。母親はお子さんを一貫して支えることです。**

母親（女性）は母性で、お子さんを保護しようとするあまり、口うるさくなりがちです。

でも、過去のことを引きずる言い方、人格を否定する言い方は、やめたほうがいいです。特に「何度言わせれば……」「だからあなたは……」「また○○して……」などは禁句です。

母親が繰り返し人格を否定する発言をすることで、否定された人格がお子さんに刷り込まれてしまうからです。それほどまでに、幼いころから一番身近な大人である母親の影響力は大きいのです。

どんなにお子さんが心配であっても、お子さんが接するのがイヤになるような人格を否定する母親には、ならないでほしいと願っています。「お子さんに何も言うな」という意味ではありません。大人の重要な役割は「是非をはっきりさせてブレないこと」です。間違っていることはきちんと正し、教えられることが大切です。ただ、特に発達障害をもつお子さんへの語りかけ方には気をつけてください。

近ごろ、お子さんに媚びる親が多くなったように感じます。電車内や道など公共の場所でもお子さんは野放し状態。注意するのは親としての責任からではなく、「あのおじちゃんに怒られるからやめようね」などと他者に責任転嫁してしまう。このような育て方では、お子さんの他者との衝突が繰り返されてしまいます。

3歳児からでも、きちんと理屈を説明しよう

お子さんと話すうえでは、**幼児のころからきちんと理屈を説明する話し方をすること**をおすすめします。お子さんにとって、親が理屈で話せる存在であれば、思春期になってからも、親子の断絶は生じません。

また、お子さん自身が論理的に他者に伝える習慣が身につきます。

お子さんの「なぜ？」「どうして？」が始まったら、時間の許す限り答えてあげてください。

反抗期にも理屈をきちんと伝える試みは止めてはいけません。

ただし、長々と「親の理屈」を話し続けると、お子さんは「うるさい」と家を飛び出したり、部屋に閉じこもってしまったりするため、端的に伝えることが重要です。

第2章

▶ 発達障害・グレーゾーンのお子さんを伸ばす教え方

01 「観察→分析→対策→指導→評価」を反復する

「私たちの仕事は医師の仕事に似ています」

私の塾の講師研修のテキストの出だしは、この言葉から始まります。

「学習指導で一番大切なことは何でしょうか？」

この問いかけに、講師経験豊富な中途採用講師は「生徒をグングン引っ張っていくカリスマ性」と答えました。それは残念ながら一番必要なことではありません。

新卒講師は「お子さんとのコミュニケーションスキル」と答えました。先ほどの答えよりはマシですが、答えがちょっと抽象的です。

学習指導のポイントは、**「観察→分析→対策→指導→評価」の繰り返し**です。その中でも、私が一番重要だと考えるのは、**〝観察〟**です。良好なコミュニケーションも、成績を上げる指導も、すべてこの、〝観察〟から生まれるのです。これは医師で例えるなら、「診察」です。診察なくして治療方針は立てられません。

観察の前提には〝ヒアリング力〟があります。

保護者の方は、お子さんがイヤな顔をしているのに、延々と学校での様子を聞き出そうとしたことはありませんか？

いくら心配でも、お子さんを黙らせたり、反発して怒らせたりしては、学校の様子を聞き出すことはできません。

大切なのは**「上手に聞き出す」**ことです。そのためには、お子さんの反応をしっかりと〝観察〟して多面的に対話を進めることが重要なのです。

教育の現場でも、この〝観察〟不足に起因するミスは日常的に起こります。

では、指導現場を例にくわしくお伝えしていきましょう。

▼決めつけで判断しないこと

以下の文は中途採用したベテラン講師の日報の一部です。

「Aちゃん（小学2年生・女子）が、震災でお年寄りがなくなったことについて『ざまぁみろ』と言っていました。家庭環境が悪いのではないでしょうか？　私は『そんなことを言うべきではありません。言われた人や家族の気持ちにもなってみなさい』と注意しました」

この対応は、道徳の教科書では正解でしょう。

しかし、私の塾では不正解、大バツです。大切なのは、なぜこの子が『ざまぁみろ』と思ったのか、です。

この子は塾に来る前、おじいちゃんに怒られたのかもしれません。あるいは同居している祖父母と母親の仲が悪く、日常的に母親がこの子に八つ当たりしているのかもしれません。

もしかすると、この子は感情形成や表現に困難（障害）があり、適切に自分の感情を形成したり表現できないのかもしれません。

いずれにせよ、この子に対して、「そんなことを言うべきではありません」とお説教しても、本人がどのような気持ちでその発言をしたのか、真実に近づくことはできないでしょう。

学校の先生でも、このように〝観察〟をせず決めつけるミスをして、児童・生徒に疎まれてしまう方が見受けられます。

最終目的が「その子の社会性を育むため、人の不幸を望むような発言はしない」ということだとしても、原因によってアプローチの仕方は大きく異なるのです。

そのために最も重要なことは、目の前のお子さんをありのままに〝観察〟することなのです。

02 ▼お子さんの興味を広げ、専門性を探るコツ

では、ここからは、実際に私たちがどのように観察、分析し、対策を探っていくのかを、具体的にご紹介しましょう。

▼広汎性発達障害A君（中学2年生）の場合

通知表では5教科中5が4つ、4が1つと成績優秀にもかかわらず、自分はダメだと思い込んでいる広汎性発達障害のA君。A君は都立上位進学高校に通う年子の兄と、自分自身を比較していました。お母さんはA君の感情の起伏の激しさに戸惑っておられました。私は次のように原因を分析しました。

特徴1◎感情の浮き沈みが激しい

数学の勉強をしていて、1問でもつまずくと「わからない」と大泣きする。

原因分析

・1つひとつの出来事に関するこだわりが強い。
・こだわりの強さから、1問でも解けず思い通りにいかない状況になると、負の感情に引きずられて自分を全否定し、止まらなくなる。

特徴2◎極端な集中と拡散が交互に繰り返される

拡散と集中が交互に起こる。興味のある「外国語」に関することとなると、話しかけられても、大きな地震が起きても気がつかないほどの集中力を見せる。ところが、その集中力は持続せず、目に留まったぬいぐるみに手がいってしまう、部屋を散らかす、会話が散漫になる、などの拡散を見せる。

原因分析

・ぬいぐるみに興味を示す点は、一見精神年齢が低いように見えるが、「ごっこ遊び」に興味を持っているのではなく、その形状、触感など「五感の対象としてのモノ」と捉えている。興味の集中と拡散はA君の(一般的には発達障害と言われる子の)特徴の1つである。

特徴3◎他者(特に他者の評価)を気にしすぎる

学校での数学の授業のとき「俺わかるぜ、できたぜ」というほかの生徒の言葉が聞こえると、「自分はダメだ!」と思い、頭が真っ白になる。放課後、学校の先生への質問は、時間を取らせるのが申し訳なくてできない。また、先生に質問をして「バカ」だと思われてしまうことが怖い。

原因分析

・自尊感情が低く(「そんなに成績が低くはない」など自分を客観的に捉えることが苦手)、それゆえ他者の評価や比較に対して過敏になる。その一番の理由は兄との比較である。

保護者の相談内容

①中学3年に進学するにあたり、志望校をどうしたらよいか迷っている。成績から考えると、兄が通学している公立上位進学校に進学させたいが、可能だろうか。

②障害を持つわが子を、将来どのような仕事に就かせたらよいか。興味がないことにはまったく取り組まないことと、対人関係が苦手なことが、保護者として不安である。

進路指導

①進学する高校について

兄弟で同じ学校に進学すると、A君にとって一番の壁である「兄との比較」が続いてしまうので、好ましくない。

進学については興味の偏りが強いため、5教科まんべんなく学ぶ普通科よりも、興味がある外国語など専門性を深めることができる、総合高校や国際高校などの専門高校、単位制高校などが好ましいと思われる。
ただし、現段階で外国語に興味があるからその道へ、と断じてしまうのは興味が移り変わったときにA君の圧迫要因となる。

②将来の職業について

一般的には、発達障害で対人コミュニケーションが苦手な人は、たとえばCG（コンピュータ・グラフィックス）や設計、エンジニアなど対人関係に煩《わずら》わされず、興味があることに没頭できる専門職に就くと安定するケースが多いと言われているが、現段階で断定的に述べることはできない。

指導上の対策

・ほかの生徒と比較をせざるを得なくなる上位クラスから、個別指導に変える。個別指導では、学習指導を通じて興味ある分野をいっしょに探り、その分野での学力を培う。
・個別指導での対話を通じて、興味ある分野を掘り下げる過程で、講師がA君の発想力や特定の分野に関する知識の深さを感じる機会が多数あるはず。この点を講師がA君に素直に「すごい！」と伝えること。また、A君をリーダーとし、インターネットや書籍を使って知識を掘り下げる。

・これらの作業を通じて、A君は達成感を感じることができ、また自尊感情を高めることができる。A君が他者（特に兄）と比較する話をした場合には、なぐさめたり、「A君はダメでなんかないよ」などのキレイごとを言うよりも、「なぜそのように感じるのか」と淡々と、しかし温かいまなざしで聞く。A君の考え方が見えてくる都度、A君が自分自身を客観的に見ることができるよう（正当な評価ができるよう）言葉や態度で支援する。

・年長者がそばにいることで情緒を安定させ、他者との比較による不安定さを克服できるように支援する。

▼お子さんの興味・関心はこうして育てる

では、ここからは、保護者の方の不安に対して、どのように対応していったかをご紹介しましょう。

保護者の心配事①

テレビで恐竜博の恐竜を見て、「わぁ、恐竜って今でもいるんだ！」と興奮して涙目になって母親に大きな声で話しかける。中学2年生という年齢から考えて、あまりに幼すぎて心配になる。また、そのようなことを外で口にすることで、周囲からバカにされないかが心配である。

保護者へのアドバイス

「本当だ、すごいなぁ！　じゃあ、恐竜を観に行ってみよう！」とA君を誘って、博物館に行ってみる。張りぼての恐竜に触れさせて、本人の反応と興味を見る。博物館では、保護者が教えるのではなく、恐竜の進化と絶滅の過程の展示をA君といっしょに観賞する。

その結果、たとえば「張りぼてでがっかり」だったら、動物園に行って爬虫類を見せる。「大きさは違うけど似てるね」と話しかけて、さらに反応を見る。

一度興味を持ったことに多様な刺激を受けることで、恐竜の絶滅という生命の歴史への興味、爬虫類という生物への興味、張りぼての作りへの興味など、本人の興味を見出し、伸ばすよう支援する（たとえば、爬虫類に興味を持ったら図鑑を与えていっしょに話す、爬虫類ショップに行き実際に触れる、張りぼてに興味を持ったら映画の特殊技術の展示を観に行くなど）。

絶対してはいけない対応は、テレビで恐竜を見て感動しているA君に「バカだなぁ、恐竜なんているわけないじゃん」と断言してしまうこと。

ほかにいけない対応は「恐竜は白亜紀に絶滅して……」と知識を詰め込もうとすること。「そんなこと外で言ったらダメ！」と周囲の視線を気にすることも避けたい。示した興味を否定することなく全方位に広げ、支援者といっしょに体感して、興味の方向性を探り進めていくことが重要である。

保護者の心配事②

「いっしょに考える」などの子どもに寄り添う支援方法は、依存性が強くなり、いつまでも親に頼るようになってしまうのではないかと心配である。

保護者へのアドバイス

最初は「いっしょに考えていっしょに探す」など距離の近い支援からスタートして、徐々に方法を伝えて手を離していく。

たとえば、インターネットで検索するときは、最初は親が検索キーワードを入れていたとしても、だんだん、本人にキーワードを考えさせる。これにより語彙力も上がっていく。

以前、自閉症と診断されていた高校生のC君は、親子ともに「芦澤先生のもとに通っていないと不安で」という理由から、大学生レベルの専門性の高い物理を受講していた。本人が柔道部で実績をあげてきたこと、成績も安定し高校での学習が楽しくなってきたことなどから、タイミングを見計らって本人と保護者に伝えて卒塾を促した。

その過程では、手塩にかけた可愛い生徒のC君に対してであっても、意識して距離を保つように心がけた。たとえ一生面倒をみることができたとしても、お子さんには親離れは必要。

ましてや支援者は、学習の側面だけであったとしても生徒を抱え込み、生徒にいつも注目するように仕向けるのは、不適切だと考える。

保護者の反応とアドバイス

保護者は「小さいころから、そのように育てればよかった」と言われたので、「今からでも遅くないので、そのように接してあげてください」と答えた。

私が伝えた方法は障害がないお子さんにとっても有益な、興味の幅や自分で調べる力などを培うメソッドです。幼児期のお子さんの「どうして?」の段階からこのように対応すれば、お子さんは興味の対象を自分で調べる力、思考力をつけることができるのです。

03 ▼ 対話から「観察」と「分析」をする

スパルタを売りにする学習塾の中には、「覚えてこない根性を叩き直して、学習に取り組むように変える」という考え方のところがあります。

たとえば、次のような指導です。


英語が苦手な生徒のB君は、英語の個別指導で講師が「『見る』って英語で書いてごらん」と言っても、一向に鉛筆を動かす素ぶりを見せません。講師は指導日報に「単語を覚えていない」と書いて、英語で「見る」を100回書いてくるように宿題を出しました。翌週の授業で宿題を確認したところ、B君の宿題ノートは真っ白のままです。「やってこなかったのか!」「……はい」。

講師は指導日報に「宿題をやってこない」と書いて、居残り学習を命じました。

私から言わせるとひどい指導です。これではお子さんの個性を殺してしまいます。

私たちはこのような指導法はせず、「対話」を通じて、観察と分析を同時に行います。

「観察」のポイントは、**対話を通じてお子さんから引き出した答えや考えを、その思考プロセスも含めてありのままに観ること**。そして、「分析」のポイントは、**お子さん特有の思考や間違いがなぜ生じるかを客観的に捉えること**（お子さんの性格とつなげず、その科目限りで把握する）です。

では、「対話指導法」に基づき、生徒のB君が英単語を書けない理由を〝観察〟してみましょう。

ケース1

講師：「『見る』って英語で何て言うんだっけ？」

生徒：「ル……？」

講師：「うん、そんな感じだったね。ル、何だっけ？」

生徒：「ル、ルーク？」

講師：「書いてみてごらん」
（生徒はノートにrookと書く）
講師：「ooは『―』とは伸ばさないで、詰まった発音をする。だからルックだ」
生徒：「わかった」
講師：「うん。ところでreadは何て発音する？」
生徒：「リード」
講師：「OK、じゃあleadは？」
生徒：「リード」
講師：「うん、似ているけど、どう違うかわかる？」
生徒：「……わからない」
講師：「Rは『ルゥ』に近い音、サザンオールスターズの桑田さんが歌うときに、『エールゥイー♪（『いとしのエリー』の「エリー」のこと・お父さんお母さん世代向け説明です）』って発音するじゃん。ああいう巻き舌の感じ。Lはあっさり〝リ〟、日本語の〝り〟に近いね。じゃあルックはどっち？桑田さん流の『ルゥック』か、あっさり『ルック』、どっちかな？」

分析 うろ覚えで、正確な綴りと発音を理解していない。

対策 rとlの音の違いを理解させて、正確な綴りを音に合わせて覚えてもらう。今後も、rとlの違いを意識して発音させて、書き分けられるようにする。

ケース2

講師：「『見る』って英語で何て言うんだっけ？」
生徒：「ウォッチ？　あれ、ウォッチは時計だっけ？」
講師：「おお、ウォッチ知ってるんだ？　ウォッチって書いてごらん」
（生徒はwatchと書けた）
講師：「うん、すごい、合ってる。『見る』のウォッチは？」
（生徒はuochiと書く）
講師：「うん、おしい。ローマ字っぽい書き方だ。なぜ同じ読み方なのに、『見る』はこれにしたの？」
生徒：「『時計』と分けなければいけないから」

講師：「そっか。でも、英語ではローマ字っぽくは書かないんだ。実は、『時計』も『見る』も同じwatchでいいんだよ。ところでさ、学校の先生が、『こっち見て』って言うときって、何て言う？　watchを使う？」
生徒：「使わないような気がする」
講師：「……at meとかって言うじゃん。何だっけ？」
生徒：「そうだ、ルックだ！」
講師：「書いてごらん」
（生徒はlookと書く）
講師：「すごいじゃん！　さっき勉強したlookも書けたね。じゃあさ、先生がlook at meって言ったときさ、眠そうな目でボーッと見たら、先生どうする？」
生徒：「ちゃんと見ろ、って言うかな？」
講師：「そうそう、じゃあ、テレビ見るときさ、ちゃんと見る？」
生徒：「好きな番組は見る」
講師：「うん、そうだね。学校の先生にlook at meって言われたときぐらい、緊

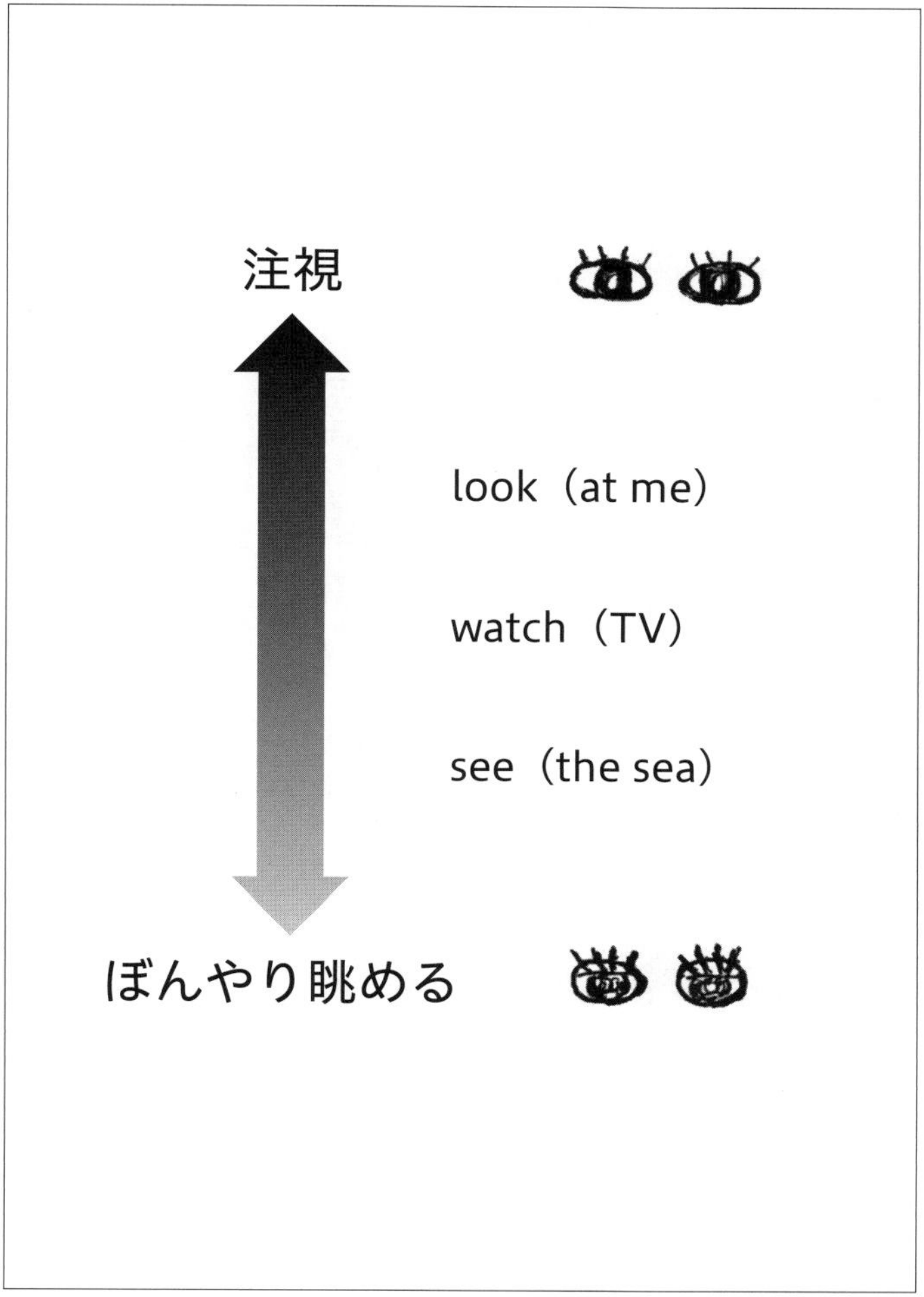
注視
look（at me）
watch（TV）
see（the sea）
ぼんやり眺める

張して見る？」
生徒：「見ない」
講師：「海に行って、海を眺めるときと比べると、どっちがちゃんと見る？」
生徒：「テレビ」
（講師がホワイトボードに、見つめる〈見る〉眺める、と書く）
講師：「さて、どれがlookだ？」
生徒：「見つめる」
（講師は「見つめる」の下にlookを書く）
講師：「OK！　じゃあ、テレビを見る、は日本語で言うとどれ？　見る、眺める？」
生徒：「見る」
講師：「OK！　テレビを見るとか言うよね。英語で何て言うんだっけ？」
生徒：「ウォッチ？」
講師：「OK！　じゃあ、ウォッチって書いてごらん」
（再度、生徒はuochiと書く）
講師：「あー、おしい！　さっきローマ字っぽく書かないって言ったじゃん。『ウォ』

は wa、『チ』は ch、詰まる『ッ』が入るから間に『t』を入れて watch ね」
生徒：「うん」
講師：「じゃあ、発音しながら1回書いてごらん。『ウォ』は wa、『ッ』は t、『チ』は ch」
（生徒は watch と書く。講師は「見る」の下に watch TV と書く）
講師：「じゃあ、ボーッと眺める。海を眺める、は何だろう？」
生徒：「わからない」
講師：「これは、see。ボーッと眺めるのは see って言うんだ。海は？」
生徒：「シー」
講師：「同じスペリング？」
生徒：「うん」
講師：「どうして？」
生徒：「ウォッチが同じだったから」
講師：「この場合はね、違うんだ。海は sea。見るのは、se ここまで同じ。そのあとは e。e が2つ続くの。目って2つじゃん。だから、e も2つ。でも海は、そのあとa。sea。でも発音は同じだから注意だね。『海を見る』だと、see the sea と書いて発音してみよう」

分析　発音はうろ覚えでローマ字書きをしてしまう。watch と look までの語彙は持っており、語彙数は決して少なくはないが、使い分けを理解していない。

対策　中学で学ぶ3つの「見る」を対比する。そのあとに続く言葉とつなげながら、理解させる。スペリングを細かく切りながら、発音と対応させて指導する。

どうですか？　生徒の「単語を覚えない・覚えられない」背景には、さまざまな理由があることが、おわかりいただけたでしょうか？　理由に応じて指導法（対策）の立て方が異なるのです。

指導で一番大切なことは、指導の出発点が〝観察〟であることはご理解いただけたことと思います。ご家庭で保護者の方がお子さんに「つきっきりで勉強をみているのに、全然成績が上がらない」ということがありますが、一番の理由は、実は〝観察〟不足なのです。

04 学習計画通りに進めようとしない

お子さんの苦手な原因の分析ができたら、次に克服のための「対策」を立てます。塾でいえば指導方針、指導法です。

ここで一番大切なのは、**「完璧なプランをつくらない」**ことです。

お子さんに合った指導方針を立て、指導方法を決めて、それを完璧に実行していく。実行の過程でお子さんにブレが生じたら、プランに合わせるように引っ張っていく。学習塾や学校では、ほとんどがこの指導方法を採用しています。

しかし、学習が苦手な子の指導はこれではうまくいかないのです。

お子さんに勉強を教える方法は**「その子に合った」ものであること**が、最も重要です。一度や二度の指導での〝観察〟、そして指導者の力量だけでは、目の前の「その子」を十分に理解できません。体系立てた学習指導を、かつ柔軟に行わなければならないのです。

同業者からクレームが来そうなことを暴露します。塾によっては、「自分の塾の教え方」に強くこだわり、お子さんの個性を顧みず、その枠に押し込めていこうとするところもあります。

反面、大手個別指導塾は学生などのアルバイト講師が指導にあたっているから「プランも指導品質も確保できない」ことが多いのです。そのため、「柔軟さ」や「友だち感覚」を売りにしています。

大手個別指導塾のパンフレットにはいろいろな理由が書いてありますが、本音をぶっちゃけると、学生を雇う裏には「人件費が安いから」という理由があるのです。最近では「教えない塾」もブームです。「教えない塾」のネット求人を見てみてください。「指導経験不問」です。「教えない塾」で勉強がわからなくなったという相談をよく受けます。

大半の個別指導塾では、アルバイト講師をサポートするために、正社員または専任の教室長を置いています。学習塾のチラシのうたい文句には、「講師だけではなく、教室長が個々の生徒の学習指導をがっちりサポート！」と書かれているかもしれません。

一見、講師と教室長の2人の目から見て指導するスタイルは、良い「観察→分析→対策」の流れがつくれそうに感じますね。

しかし、このやり方は「責任の所在があいまいになる」というリスクがあります。

アルバイト講師は授業が終わると学生生活に戻り、極端な場合は翌週には担当のお子さんの学習状況などをキレイさっぱり忘れてしまいます。実質、教室長が1人で全生徒に対する指導責任を負うわけですが、直接指導しないで複数の生徒を循環して見ているだけなので、見落としも多く、何よりも「目の前の子」と触れ合って得られる肌感覚がありません。指導における「体系性がないこと」と「柔軟性があること」は別物です。

05 学校や塾での様子を保護者が観察する

家庭学習のポイントを、いくつかお話ししましょう。

まず、家庭学習において大切なことの1つは、**「お子さんを段階ごとに複数の人の目で見ること」**です。

「うちは1人っ子で、夫は忙しい。どうやって複数で見ればいいですか?」

このような疑問を持つ方もいらっしゃるでしょう。

塾に通っていないお子さんが日常指導を受けているのは、学校の先生です。定期テスト(小学生の場合は授業内テスト)や通知表で、苦手な分野や単元、学校生活の様子などがご家庭に報告されます。これが「第一の目」です。

しかし、学校の先生の「第一の目」は必ずしも正しいとは限りません。

私の塾では、教務主任を中心としたチームを組み、生徒が通う小中学校の学校公開日にすべての学校の授業を見学に行きます。するとチームから「この授業ではお子さんは集中して聞けないのは当たり前」という報告が具体例とともに私のもとに伝わってくることがあります。

お子さんが集中しないのは、学校の授業のやり方が原因の場合もあるのです。また学校の先生の評価が誤っている場合もあります。

だから保護者の方は、学校の成績表の内容や先生の見方を鵜呑《うの》みにしないで、テストで間違える問題の傾向や理由を、ご自身の目で確認してください。

特に生活態度については、「授業に集中せず話してばかりいる」などという学校の先生の所見を鵜呑みにせず、「このように言われているのはなぜ？」とお子さんに直接聞いてみることが大切です。

お子さんが学校の授業に集中できず、「学校の歴史の授業は、知識の羅列と暗記ばかりでツマラナイ」などと言っている場合は、日本の歴史を描いたマンガを与えて、歴史の流れを理解するサポートをするのもいいでしょう。このような方法であれば、保護者の方が直接お子さんに指導をしなくても、ご家庭で学習支援ができます。

そして、とても重要な「第二の目」。それは**保護者の目**です。保護者がお子さんの様子を自分の目で確かめ、時にはサポートすることも必要です。

学校の勉強が苦手だったり、学校が嫌だったりして不登校になるお子さんの多くが、学校の先生の偏見や無理解で自尊感情をズタズタ、ボロボロにされています。「アスペルガーであることを学校の先生が気づかず、『お前、ふざけてばかりいるんじゃないよ!』とお子さんを傷つける」といったことが、学校現場で起きていることは残念でなりません。

このような場合、私たちはいっしょに自尊感情の回復を行うことから始めます。自尊感情を取り戻すと「やればできる」「勉強が楽しい」とみるみるお子さんは変わってきます。だから、私の塾では数々のミラクルが起きているのです。

学校などで他者と関わることから起きてしまう「自尊感情の低下」からお子さんを守っていくことができたならば、お子さんは大きく道を外れることはありません。

06 基本との対比・差分で教える

私は急性膵炎で生死をさまよったことがあります。ある深夜、塾での学習指導を終えたあと、救急車で担ぎ込まれてから1か月半は、口にできるものはわずかな水だけで水を飲むことも許されませんでした。そのあと、ようやく水のようなお粥をすすることができるようになり、徐々に健康体の食事に近づけていきました。

医療の現場では、治療方法や食生活を患者の容態に合わせて変化させていきます。これは学習指導でも同様です。**お子さんの理解度や知識レベルに合わせた課題を与えなければ成績向上は望めません。**

いまだに教育現場で、学習が苦手なお子さんに対して、ドリルの問題演習をたくさん行わせ、ドンドン暗記をさせれば勉強ができるようになる、という神話があるようです。

このような学習法は、水も飲んではいけない急性膵炎の重症患者に、「精力がつくから」といきなり、うな重を食べさせようとするようなものです。学習が苦手なお子さんは間違いなく〝消化不良〟を起こし、ドリルや暗記恐怖症になって、科目の勉強が大嫌いになります。

私の授業では大量のドリルはほとんど用いません。特に学習が苦手な子に対する指導では定期テスト前の確認以外にドリルは一切用いません。

「たくさん問題をやったほうが、理解が深まるんじゃないの？」

このような質問をいただくのですが、こと勉強が苦手なお子さんに関しては、答えはＮＯです。

勉強が苦手なお子さんは、**タイプの異なるたくさんの問題を解くと目先が変わって混乱するため、基本的な知識の定着には大きくマイナスに働く**からです。

英語を例に説明しましょう。

たとえば、受動態（「何かをされる」「行動の対象となる」人やものを主語とした

わかりやすい例文に変形

教科書の例文

This doll ~~was~~ made by Ms.Beck's ~~mother~~.

was → is

mother → トル

①まず現在形で考える

②主語の形がわかっているか mother を取って確認する

③能動態の文の理解ができているか確認する

質問：「ベックさんはこの人形をつくる」という能動態の英文をつくってください

子どもの書いた例文（間違った答え）

Ms. Beck's make this doll.

④ Ms.Beck's book のように後ろに名詞がないと所有格はとらない！

⑤主語の確認（何人称か、単数形か複数形か）

話し手：1人称
↕
相手：2人称
その他：3人称

⑥時制の確認（過去・現在・未来）

⑦主語が3人称・単数で、時制は現在なので、動詞 make に s をつける

⑧「作ることができる」という文にする
Ms. Beck can make ～

⑨「いつも作っている」という文にする
Ms. Beck always makes ～

助動詞と副詞の違いを指導

質問：「受け身の文にしてください」
（「ベックさんはこの人形をつくる」の正しい英文）を示す

Ms. Beck makes this doll.

主語 S「～は、～が」

目的語 O「～を」
（指差しの先にある S の動作の目的・対象）

「たすきがけ」と指導

受動態の公式
目的語 +be 動詞 + 過去分詞 +by+ 主語

受動態にした英文

This doll is made by Ms. Beck.

⑩疑問文、否定文を考えさせて受動態の文の動詞を理解しているか確認する
Is this doll ～？
This doll is not ～.

⑪過去形を考えさせる
（動詞 is は was に）

⑫「ベックさんのお母さん」が作った場合に変える
（'s と mother を加える）

教科書の例文のできあがり！

This doll was made by Ms. Beck's mother.

受け身の表現）を指導するとき、基本文を一度指導しただけで「あとは同じ考え方でドリルを解いて」と反復をさせるとします。

しかし、これでは学習意欲のある子ですら、例文をマネてドリルを解くだけになってしまいます。学習が苦手なお子さんとなるとなおさら、手を動かし始めることができません。

では、どのような指導をすればいいのでしょうか？

（教科書の例文）This doll was made by Ms.Beck’s mother.

これは、「この人形はベックさんのお母さんによってつくられた」という、①過去形＋②受動態の英文です。

ここで、いきなり「受動態というのは、be動詞＋過去分詞＋by」という指導はしません。

まずは、前記の例文を能動態（動作をする人が主語になっている表現）の現在形の文章に変えます。「肯定文では基本的に①主語は文頭　②その直後に動詞、『切っても切れない主語と動詞』『仲を裂くのは助動詞と副詞』」と教えます。簡単にするため、motherを取り、文章を短くします。

そして、日本語で「ベックさんはこの人形をつくる」とホワイトボードに書き、生徒に英文に変えてもらいます。

（生徒の答え）Ms.Beck make doll.

このときお子さんが三単現のsを付け忘れ、makesをmakeとしてしまったとします。そこで、次の2点の説明をして、三単現のsが必要なことを、生徒自身に気づかせます。

①主語の人称の区別（話し手［1人称］、その相手［2人称］、それ以外のすべて［3人称］、いずれであるか）

②単数・複数

次に、能動態の現在形の英文、「Ms.Beck makes this doll.」をホワイトボードに書きます。

このとき、目的語（「this doll」）は、指差して『～を』という動作の対象だよ」と教えます。授業では、前置詞はすべて指差しや方向、一覧図で指導します。

ここではじめて「be動詞＋過去分詞＋by」という公式を赤文字で書き、主語と目的語をひっくり返す指導をします。「基本形」（数学でいう公式）の提示です。

そして、「基本形」をホワイトボードに残したまま、それをたたき台に進めます。

すると、

This doll is made by Ms.Beck.

という受動態の文ができます。能動態の文と受動態の基本文を並べている状態です。これで準備は整いました。

ここから、①～③の芦澤式のエクササイズが始まります。

①基本形を理解したら、次は疑問文をつくります。be動詞を前に出し、最後に「？」

をつけるだけです。be動詞の疑問文のつくり方を考えさせながら、例文を疑問文にしてもらいます。受動態の文の動詞は、あくまでbe動詞であることをここで強調します。

②次に否定文の基本として「be+not」とボードに書きます。すると否定文は簡単に生徒自身でつくることができます。

③そして、受動態の文を過去形にする方法を考えさせます。「さてこの文の動詞のisを過去形にするのはどうするんだっけ?」と問いかけ、be動詞の過去形を導きます。

このようにして教科書の例文、「This doll was made by Ms.Beck's mother.」にだんだん近づけていきます。

この段階で生徒は、能動態から受動態に変える練習を、現在形と過去形の文であわせて2回、「受動態の文は、be動詞が動詞にあたること」を基本として、疑問文・否定文・過去形の文という3つの変化のエクササイズをします。

1つの同じ文章の変化なので、「単語が読めない」「意味がわからない」などほか

のことに気をとられません。対話を通じて「受動態は、be動詞が動詞にあたること」を基本にして、5回エクササイズができるのです。

内容の異なるワークの問題を5題解くよりも、「基本形」の定着率が高いのは、おわかりいただけるのではないでしょうか。

学習が苦手なお子さんの理解を深めるためには、基本をていねいに教え、その基本との差を少しずつ教えていくことが有効なのです。

07

教科書やテキストの順番をわかりやすく組みかえる

学習が苦手なお子さんの「対策」をつくるにあたって、もう1つ重要なことがあります。それは「対策」を固定化せず、お子さんの反応や変化を見て柔軟に変えていくことです。

教科書TOTAL ENGLISH3（2020年現在）では、Lesson2で現在完了形の「完了用法」を学ぶように構成されています。学校の先生はもちろん多くの学習塾講師は、英語を教えるときに、現在完了形を理解させることにとても苦労しています。その理由はズバリ！　教科書の順序にそって教科書通りに、「完了用法」から指導するからです。

教科書では、完了用法は副詞のjustといっしょに「今、～したところです」と示されます。しかし、この説明では、お子さんは過去形や現在形との違いが理解できません。目の前のお子さんの頭の中はたいてい「?」だらけ。上手に伝えられない指導者は「!!!」とイライラです。

芦澤式では、最初から完璧を求めていたずらにわかりづらくするのではなく、最低限必要な知識にまで削ぎ落とし、必要に応じて知識を付け加えていきます。**教える順番を変えること、最低限必要な知識にまで削ぎ落とすこと、一貫した課題文で指導をすることで、理解度・定着度が飛躍的にアップします。**

現在完了形は、「過去の出来事が現在まで影響を与えている用法」として、「継続用法」から教えます。現在完了形を理解するには「継続用法」が一番わかりやすいからです。

TOTAL ENGLISH3のLesson3には、

My uncle has lived here since he was young.

という例文があります。

「ここで若いころから、住み続けている」、つまり「若いころに住み始めて、今までずっと住んでいる」という、**過去のことが現在まで影響を与えている状態が現在完了形の「継続用法」**なのだと指導します（ちなみに、現在完了形の経験用法は、「一度した経験の影響は現在まで続く」と教えます）。

現在完了形の「完了用法」である「He has just arrived.」（彼はちょうど到着したところです）から教え始めたとき、お子さんたちの「？」の表情に気づいたとします。そのときは即座に「継続用法」から指導を始めます。そのイメージができたら「到着したときは『ちょうど』であったけれど、その後『到着した』という『終わった状態』が**現在まで続いている**のが、完了（終わった）用法」だと教えるのです。

すると、お子さんは現在完了形のイメージをつかむことができるようになります。

動詞の不規則変化を指導する際には、ホワイトボードにわざと「He reads the book yesterday.」と書いたら、「訳してみて」と生徒に言います。「yesterday」に気づいた生徒は、「彼は昨日、本を読んだ」と訳します。このときに私は生徒の表

主語：He（She）の場合

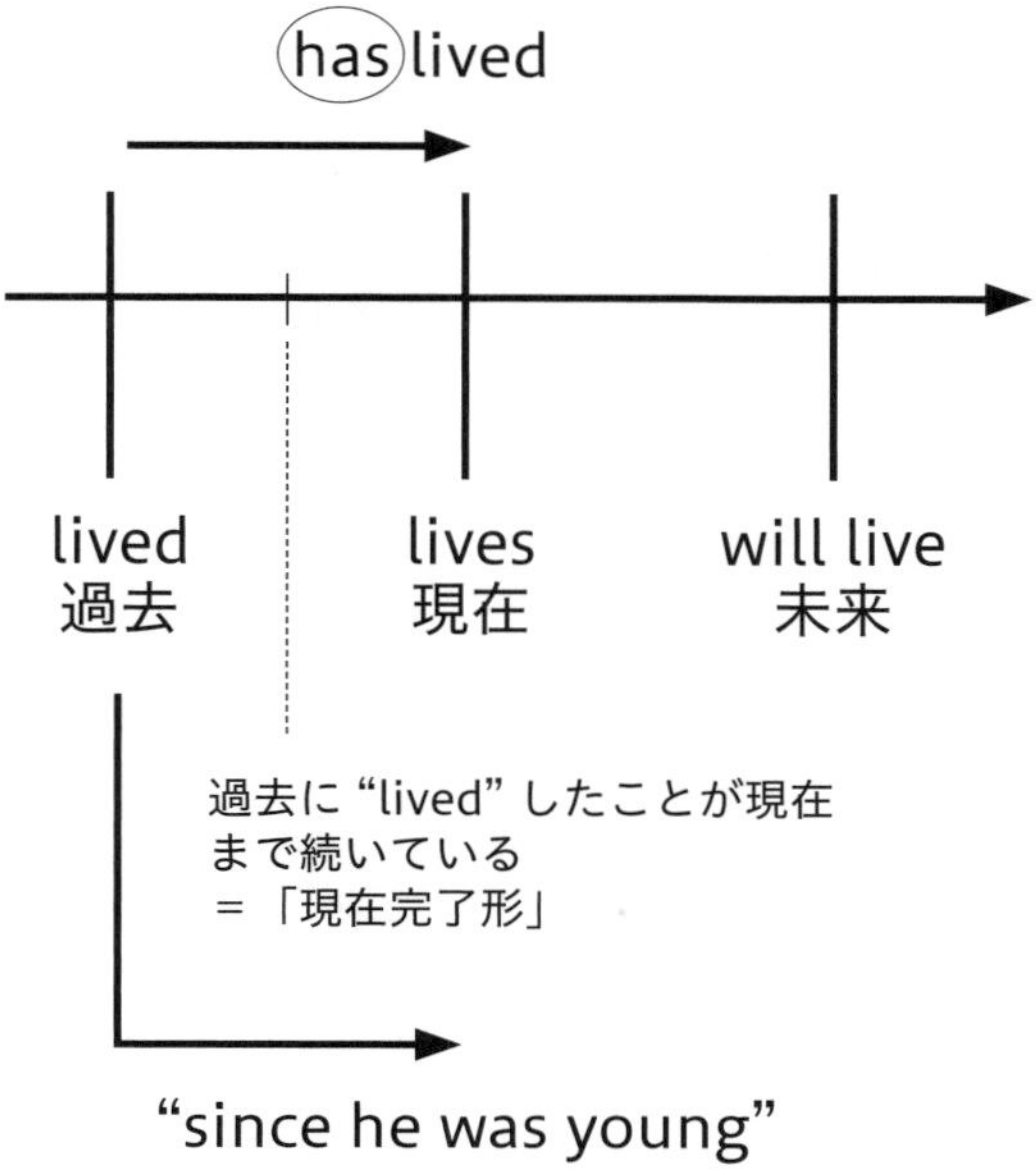
has lived
lived
過去
lives
現在
will live
未来
過去に “lived” したことが現在
まで続いている
＝「現在完了形」
“since he was young”

情をうかがいます。中にはすぐに「先生、間違っているよ」と指摘してくれる子もいます。そうでない子には「yesterdayだけど、readsは過去形にしなくていいんだっけ？　readの過去形って何？」と尋ねます。

このように対話を通じて、readは原形―過去形―過去分詞形が同じことを示し、さらにここでは三単現のsがついているのがおかしいことに気づかせます。勉強は、受け身で教えられるのではなく、積極的に授業に参加して自分で気づくことが大切なのです。

▼教える側がわざと間違えてみる

暑さのあまり、夏期講習の社会の授業では、私は突如「元寇」の「寇」が書けなくなってしまったことがありますが、一般的な教員なら、話をそらしながら慌てて参考書をひっくり返すことでしょう。

しかし私は、「忘れちゃった。どういう字を書くんだっけ？」と生徒に尋ねます。学院長が忘れてしまう……これは生徒にとってスリリングなことなので、ここぞとばかりに自分が答えを出そうと、「寇」の字を書き始めます。またスマホで熱心に字を検索する子もいます。

生徒に教えてもらい「あれ、『支える』だっけ?」「違うよ」などと話し合いながら、正しい漢字が定着するよう、ていねいに「寇」の字をホワイトボードに書いていきます。

そして翌日、また「元寇」の話を持ち出し、「あれ、また忘れちゃった」と言いながら、生徒の知識の定着度合いを確認します。

基本的に問題演習は、解答を見ずに、私もいっしょに解きながら解説していきます。私が指導する「芦澤式消去法」(142ページ参照)で選択問題の答えを探していたら、すべて×になってしまったような場合、**どのように正答を探し出すか、その過程もいっしょに生徒に見せていきます**。これも解き方や考え方をお子さんの記憶に刻み込む1つの方法なのです。

第2章では、観察の方法から、具体的な教え方まで見てきました。では、第3章からは、芦澤式の中核である学習法についてお伝えしていきましょう。

著者授業風景

例年満席の入試説明会

第3章

▶ 発達障害・グレーゾーンのお子さんがみるみる変わる学習法

01 ▼ 家庭学習は「時間分散」「紙に覚えてもらう」「科目分散」

「30分以上集中して座っていられない」「苦手な科目は家で勉強しない」「暗記が苦手」「そもそも勉強をしたがらない」……私のもとには、このようなさまざまな家庭学習に関する相談が寄せられます。

そのときに私はいつも、

「30分以上、集中しなくていいです」
「苦手な科目は長時間勉強する必要はありません」
「暗記しなくてよいです」

とお答えしています。

私の教える「芦澤式家庭学習法」では、「時間分散」「紙に覚えてもらう」「科目分散」。この3つをキーワードにしています。

①「時間分散」……勉強時間を1科目5～15分刻みに細切れにする
②「紙に覚えてもらう」……紙にチェックをして、苦痛な暗記から解放させる
③「科目分散」……1日のうち1回で学ぶ科目を分散する

くわしくご説明しましょう。105ページの図をご覧ください。学習の理解からテストで点を取れる状態になるまでを表す図です。

インプット（「知識・考え方・記憶の仕方」を教わり理解すること）とアウトプット（入試や定期テストで点数を取ること）の間に「自分」があります。

つまり、習いっぱなしでインプットだけしていても、中心である「自分」が学習しなければ、テストでは点は取れないのです。

そのため、芦澤式学習法では、短時間の少量のインプットを1日の中で分散して毎日繰り返し、まずは紙に覚えてもらい、お子さんが自分でアウトプットするとこ

ろまで指導していきます。

この方法は「暗記しよう」としないのでお子さんは苦しくありません。反復していくうちに、覚えられることは自然と覚えますし、覚えられないことだけが残ります。「覚えにくいことを覚える」という作業を翌日以降に回すことで、お子さんもそれを支えるご家庭も苦しくなりません。

1回の学習時間は5〜10分なので、「30分以上、集中して学習できない」こともクリアできます。作業するだけで、「丸暗記する」という苦痛を伴わないので「苦手な科目」でも、これまでよりも取り組みやすくなります。


では、英単語の記憶を例にお伝えしていきます。

まず、たくさん書き込んだり、汚したりしてもよい単語集を用意します。コピーをとっても、スキャンをしても、同じ単語集を2冊買ってもOKです。

そして、1日に学習する英単語を20個と決めます（この個数はお子さんの力に応じて決めてください）。何日か試してみて、適正な個数を決めてください。

朝学校に行く前に5分、20個の英単語を見て、すべて意味が言えるかどうかを確

学習のフロー

理解→思考→output イメージ

＜授業＞

●思考力、表現力
・一方通行でない「対話」
・思考ルートの確立
・表現＝整理、まとめ

●解き方＝「定式化」

＜教材＞

知識は必要最低限
“input” すべてを
“output” 前提に行う

例：英単語

T		☆
speak	スピーク	話す
eat	イート	食べる
ー		
run	ラン	走る
⋮	⋮	⋮

反復・演習形式

（勉強時間を増やす）

●時間分散
・短時間集中・朝→夕→夜

●科目分散
（苦手科目集中は厳しいため）

●五感を使う
・自分と対話しながら「書く」

（定着法）

●紙に覚えてもらう
・「正」マーク
・「★」印：間違えたところだけマーク
・赤マーク：入試出題
・青マーク：模試、定期テスト出題
・黒マーク（鉛筆）：反復学習→あとで消せるように

認してください。必ず口に出して意味を言うようにしてください。意味が言えなかった単語については、鉛筆で「正の字」マークをつけていきます（くわしい「正の字」マークの使い方については114～115ページで説明します）。

学校から帰ってきたら、5分、もう一度、朝と同じ作業を繰り返します。2度意味が言えなかった英単語は「正の字」が2つつきます。

次に日本語を見て、英単語が書けるかを試します。これも頭の中で思い描くのではなく、実際に紙に書くことが必要です。読み方を声に出して、英単語を書かせてみてください。書けなかった英単語には、「☆印」を1つつけてください。注意点は、ここで**何度も書いて覚えようとはしないこと**です。何度も書いて覚えようとすると、スペリングを間違え、適当な読み方に変わり、挙げ句の果てに英語が嫌いになります。

この段階で2回とも意味がわからなかった単語には「正の字」マークが2つつきます。この作業を終えたら、単語集は一旦放り出してください。「正の字」マークだらけ、「☆印」だらけになっても慌てずに。

1日の単語学習の終わり、夜寝る前には、5分かけて「正の字」マークがついている単語の意味を言います。言えない単語には3つ目の「正の字」マークをつけてください。声に出しながら書いてみて、書けない単語には「☆印」をつけてください。

1日の単語の勉強はこれで終わりです。翌日は「正の字」マーク、「☆印」が多くついている単語について同じことを行い、さらに20語を追加していきます。

翌日の朝、英単語に加えて、数学（算数）の計算を5分、国語の音読を5分加えると、合計15分。

学校から帰ったあと、英単語5分、数学（算数）と国語の学校の宿題を10分ずつ、合計25分（日によって宿題の科目は異なることと思います）。

寝る前に英単語5分、学校の宿題の類似問題を2科目10分ずつで25分。合計で1時間5分になります。

ここからさらに時間数を増やしていきたければ、1か月この学習時間を継続して、お子さんが続けられそうなら、朝・夕・晩で5分ずつ増やしていきます。

以上が、芦澤式学習法の基本の学習のやり方になります。

02 ▼ 自他と折り合いをつけて得意なことを伸ばす

お子さんが「イスにも座ってくれない」「学習をすぐに止めてしまう」ほど勉強嫌いで悩んでいる方もおられることでしょう。

「勉強をしたがらない」のは、ゲームやYouTubeなど、ほかに強く興味を惹かれることがあるから、というだけではありません。「勉強をしている時間が苦痛」、さらには「勉強ができない自分が苦痛」という**自尊感情の低下が大きく影響している場合も多い**のです。

そこで、ご家庭で行っていただきたいのは、**お子さんの「得意なことを伸ばす」支援をすること**です。

勉強しないお子さんを見るとつい「勉強しなさい」「将来を考えなさい」と言いたくなります。

しかし、保護者の方がやるべきことは「勉強しなさい」「将来を考えなさい」と繰り返し言うことでも、過酷な競争環境のお受験塾を探すことでもありません。

学習するたび、テストを受けるたびに、お子さんが「いくら勉強しても、自分はダメだ」という気持ちを上書きすれば、余計に「勉強なんかしたくない！」となってしまいます。

「子どもの仕事は勉強！」と強調しなくても、お子さんは実は「学校の成績評価や受験が自分にとって重要」であることはわかっています。

成績評価でほかのお子さんと比較されたり、「進学する学校はないぞ！」と学校の三者面談で脅されたりして、学習から目を背ける習慣が身についてしまっているだけなのです。

私はＡＤＨＤ、双極性障害、愛着障害、睡眠障害で、引きこもり、不登校の時期もありました。学校内や社会とのコンフリクト（衝突）で苦しんできましたし、高校では数学で0点を取ることは稀ではありませんでした。

でも、国語が大好きだったので、早慶上智大に現役合格して、今、私の塾で現場に立ち、また大学教授（教育学、起業家育成）として、仕事ができています。

それは天才レベルの話でしょ？　と思われる方がいるかもしれませんが、いえいえ、私は天才なんかじゃありません。

自分なりに試行錯誤して見つけた、キーフレーズのおかげで人生を変えることができました。

そのキーフレーズは、**「自他と折り合いをつけて、得意なことを伸ばす」**です。

「折り合いをつける」とは、妥協をすることやあきらめることではありません。

たとえば、学校生活では「集団生活に無理になじもうとするのではなく、集団生活の中で、自分が苦しくない関わりをする」。引きこもってしまう場合には、自分を責めるのではなく「家の中で生きる」方法を考えて、そのための職業技術を身につける。

学習の側面でいうと**「苦手な科目やできないことばかりに目を向けず、苦手な科目ではほどほどの点数を取れるようにして、得意な科目やできることを伸ばす」**。

これは発達障害をお持ちの方に限らず、すべての人にとっての「既存の価値基準に縛られずにニューノーマル時代を生き抜くための知恵」と言っても過言ではないでしょう。

学校に行けない、家から出られない、数学が0点、多動で感情の起伏が激しいため人と衝突してしまう。ほかの人との関わりが苦手で苦しい、集団生活になじめない、勉強が苦手…。そんな自分がイヤになったとき、**「自分と折り合い」**をつけることができれば、とても楽になります。

保護者の方は、お子さんが得意なことに自信を持って集中できる環境をつくってあげてほしいと思います。いっしょにインターネットで検索したり、モノを作ったり、その時間はお子さんにとっても珠玉の時間となります。

得意分野を際限なく楽しみ、伸ばすことで、考えられなかったような未来が開ける可能性があります。そのような意味で、1人ひとりのお子さんには無限の可能性があるのです。

03 知識を定着させるための6つの記憶法

私は指導の中で、「暗記」という言葉を使いません。

ドラえもんの〝暗記パン〟（本のページにパンを押し当てると転写され、食べると記憶できる）の話にもあるように、暗記には「やみくもに詰め込む」というイメージがあるからです。

暗記した内容はすぐに忘れてしまいます。

そのため、暗記という言葉を使わずに、〝記憶〟という言葉を用います。記憶の前提には、〝理解〟があります。知識の「理解→整理→記憶」とつながっていくイメージです。

この章では、勉強が苦手なお子さんに理解を促し、しっかりと記憶を定着させ、効率的に問題を解いていく方法をお伝えしましょう。

1　一度で覚えようとしない

ご家庭や学校でお子さんに漢字を覚えさせるときに、「漢字を10回書いて覚えること」という宿題の出し方をするケースが非常に多く見られます。

ところが、このような宿題を出されたお子さんは、最初に「へん」や「かまえ」を10回書いたあとに残りの部分を書き、だんだんヤマイダレがマダレになり、結果として不正確な字の記憶をしてしまいます。

繰り返し書いて一度で覚えさせるやり方は、お子さんに嫌悪感と苦痛と不正確な知識をもたらすので、私たちは「繰り返し書く」という宿題は絶対に出しません。

私は、記憶させるときには、先ほどもお伝えした**「まず紙に覚えてもらう」**指導をしています。

たとえば、漢字であれば、漢字の書き方や読み方、意味を定着させるための「語句ノート」に教科書の漢字をていねいに1回模写させ、その下に読み方を、さらに下に意味を書いてもらいます。

そして、記憶を定着させるための「練習用のノート」には3回だけ、ゆっくり模写してもらいます。書く際には、声に出して読み方を伝えます。それ以上はたくさん文字を書くことはしません。

英単語であれば、学校の教科書の後ろにある「単語一覧」を辞書代わりに使ってもらいます。

たとえば、interestedの意味がわからなかったとします。その場合に「単語一覧」でinterestedを調べます。教科書の単語一覧には、必ずその単語を学ぶ学年と教科書の対応ページが書いてあります。そこですでに習った単語か否かを確認して、既習単語ならば思い出すために教科書を開き、どのような文脈でその単語が使われているのかを確認します。

また、既習・未習を問わず、単語一覧で意味（interestedの場合は「興味を持っている」）を確認し、英単語を発音します。そして単語の横に「正の字」マークの線を1本引きます。

次に、interestedが出てきても意味がわからなかったときは、同じく教科書の単語一覧を開き、意味を確認して横に「正の字」マークの線を1本書き足します。

このように、意味がわからなかったら、その都度、教科書の単語一覧を引いて「正の字」マークの線を書き足していくと、苦手な単語の横には多くの線が残ります。

2 繰り返し同じ資料に戻る

記憶するための重要なポイントの2つめは、**「常に同じ資料に戻ること」**です。疑問を感じたら都度同じ資料に戻り、何度も調べて、「正の字」マークでチェックすることで、「ノートの〝あの箇所〟にあった」と、**記憶の引き出しの中の知識を整理できる**のです。

それでも記憶した知識は日がたつと忘れてしまいます。人間は忘れるから新しい知識を覚えることができる、という話をお聞きになったことがあるでしょう。覚えなければならない知識を定着させるには、一定の時間をあけて反復することです。

たとえば、午後の定期テストで単語の問題が出るとしたら、前日の昼間に1回、寝る前に1回、翌朝1回、昼休みに1回、テスト直前に1回、というように、時間をあけて何度も知識を確認するのです。

公立高校の入試では教科書で未習の単語については※印をつけて欄外に意味を書く約束になっているところが多いです。

だから公立高校志望者は、分厚い単語集を使う必要はあまりありません。

私の塾では、上位校受験者以外は単語帳は中学3年の教科書の裏にある英単語帳を、英語の文法は中学3年の教科書の裏にある3年間の英文集を基に、授業でまとめたノートだけを使って学習します。国語の解き方ノート、社会の整理ノートなど、授業の板書を写したノートを「確認で見返すための資料」として繰り返し活用しています。

▼3　分解して覚える

記憶のポイント3つめは**「分解」**です。

たとえば、knowという英単語を教えるときは、「ケ、ナウ」と教えます。発音通りに「ノウ」と覚えさせると、「nou」や「noo」など、さまざまなスペリングミスが繰り広げられるからです。

そこで、「k + now」であることを強調するため、「ケ、ナウ」とスペリングを教えるわけです。生徒は、「ケ=毛」を想像するようで、その語感の面白さから、何度か、「ケ、ナウ」を繰り返します。そして、次にknowが登場したとき、生徒は即座に『ケ、ナウ』でしょ?」と言いながら、スラスラとスペリングを書けるようになります。

interestedならば、inter-は、「間の」という意味で、internetなどで用いると指導します。internetは、netの「間」をつないだもの、という意味。このinterに、「-ested(エスティッドゥ)」がついたものがinterested。語尾に動詞の過去形の規則変化と同様の-edがついているけれども過去形じゃないよ、と指導します。

覚え方は、「inter-(インター)-ested(エスティッドゥ)」と覚えます。「インタレスティッド」と読み通りに覚えてもらうと、rを2つ重ねてしまうことがあるからです。

これと対比してimportantも覚えてもらいます。生徒は「インポータント」と発音して、inportantと書いてしまうことがあります。正確な発音記号は[impɔ́ːrtənt]なので[in-]ではないのですが、混同する子が少なくないので、「im（イム）port（ポート）ant（アント）」と分解して、「イム」を強調して覚えさせます。

▼4　一覧にして対比する

記憶のポイント4つめは**「対比」**です。

似ているものは共通点を見つけ、異なっているものは相違点を取り出します。共通点・相違点を明確にし、一覧化することで、お子さんは記憶しやすくなります。

動詞を指導するにあたって、「一般動詞」と「be動詞」を対比させ（120〜121ページの図参照）、「三単現のs」と「名詞の複数形のs」も対比させて教えます（123ページの図参照）。

続いて、「SVO1（人）O2（モノ）」を「SVO2（モノ）＋人」に書き換える際の記憶法を紹介します（124ページの図参照）。

お笑いで「フォー」が流行っていたときには、これを「ひトゥー、じフォー」と、フォーのジェスチャーつきで教えていました。

先ほどのknow「ケ、ナウ」にしても、指導者は恥ずかしがらずに大げさに、できるだけ印象に残るように、繰り返し伝えなければなりません。

そして次に紹介するように、「人（ひトゥー）」が「時報（じフォー）を鳴らした」などのストーリーをつくって、語呂合わせで覚えさせます。

▼5 「ストーリー語呂合わせ」で覚える

記憶のポイント5つめは**「ストーリー語呂合わせ」**です。覚えづらい内容には語呂合わせが有効です。ただし、意味がない記号・暗号のような語呂合わせでは、お子さんは記憶できません。語呂合わせにはストーリーが必要なのです。

英語で、英単語の名詞の語尾が「s、sh、ch、x、o、ss」となるときは、複数形にする場合「-es」をつけます（123ページの図参照）。この図の「s、sh、

be 動詞：be（am/are/is/was/were）
数学の「＝」または「ある、いる」の意味

He is a student.

主語によって動詞が変わる
※過去（am → is　are → were　is → was）

Is he ◌ a student?

肯定文の文中の is を文頭へ移動
※時制が過去ならば Is は Was になる

He is not a student.

肯定文の be 動詞の後ろに not を入れるだけ
省略形は isn’t（o をとり ’ をつける）

動詞の種類	一般動詞（play、read など） 動詞の数だけ意味がある！
肯定文	**He likes sushi.** 主語：3人称、単数 時制：現在 ※過去・規則変化 +ed、不規則変化は覚える
疑問文	**Does he like sushi?** ① like の動詞3単現の s をとる ② Do（母音）の語尾だから es をつける ※ Do の過去は Doed ではなく Did
否定文	**He does not like sushi.** 肯定文の3単現の s をとり、does の後に not を入れるだけ 省略形は doesn't（o をとり ' をつける）

肯定文と異なるところだけ指導する（差分指導）

ch、x、o、ss」の下には、「ス、シ、チ、ク、（ショ）オー、スス」となっていますが、これは覚えるために私が考えた語呂合わせです。

たとえば、「ス、シ、チ、ク、（ショ）オー、スス」は、「寿司屋に入って食おうとしたら、寿司がススを被っていた。ちくしょう！」というストーリーとともに覚えてもらいます。

▼6 相関関係を整理する

記憶のポイント6つめは**「相関関係を整理する」**です。

相関関係を整理すると、バラバラだったはずの知識の相関関係が理解でき、記憶しやすくなります。

社会の地理の学習になると指導者は「各国、各地域の位置、気候、産業などをバラバラに覚える」という指導をしがちです。関連性のない知識をバラバラに覚えるほど、お子さんにとって苦痛で困難なことはありません。

私の社会の授業は、各分野の全内容が一続きになっています。「歴史には流れが

類似の内容を対比させて覚える例

	3人称単数（現在形）の動詞の変化	名詞の複数形
原　則	もとの形に＋ s → 例：likes	→ 例：books
子音字＋ y（aiueo（母音）以外）	y を i に変えて es → 例：study → studies	→ 例：family → families
一定の語尾の時＋ es	語尾が s,sh,ch,x,o, ss → （ス、シ、チ、ク（ショ）オー、スス） 例：teaches	→ 例：buses

SVOO から SVO への書き換え

人を前提とする動詞は to を用いて、自分を前提とする動詞は for を用いる。

※ S：主語、V：動詞、O：目的語

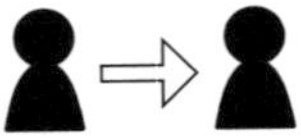

「人（ヒ to）」

動詞が他人の存在を前提とする場合
(give、teach、show など)

S　V　O1（人）　O2（モノ）
→ S　V　O2（モノ）＋ to 人

例：He gave the book to her.

「時報（自 for）」

動詞が他人の存在を前提としない（自分を前提とする）場合
(make、get、buy など)

S　V　O1（人）　O2（モノ）
→ S　V　O2（モノ）＋ for 人

例：She made this doll for her.

あり、ストーリー仕立てで古代から現代まで教える」というのは一般的によくある指導法です。

地理の授業では、はじめは経済の観点から整理をします。

まず、経済大国である先進国と新興国「ＢＲＩＣＳ（ブラジル、ロシア、インド、中国、南アフリカ）」「日本と関連の深い東南アジア」の位置を確認して、国土面積、気候や資源を整理したうえで、主要産業をまとめます。

さらに、それが近隣の国にどんな影響を与えているか、という視点から「経済圏」でまとめて、それを「東アジア」などの地域、さらに大陸と関連させていきます。

このように相関関係を整理して教えていくことで、お子さんに苦手意識を持たせず、知識をしっかりと定着させていくことができます。

04 テストでは時間配分、得点配分計画をつくっておく

さて、いよいよここから、問題の解き方の話に入ります。

ここは私の塾での指導の中核でもあります。本書ですべてを語り尽くすことはできませんが、本書を手にとってくださった人は、エッセンスを公開しますのでご活用ください。

私が教えている国語の解き方のベースは、私自身の高校・大学受験を通じてつくり上げたものです。

読解問題とは、**「出題者の出題意図を読み取る」**問題です。出題者が答えさせたいことを、入試問題にのめり込んでしまわずに、一歩引いた視点で考えて解くことが大切です。この視点は、国語に限ったことではなく、ほかの科目の問題を考えるうえでも重要です。

では、東京都立高校の共通問題で、繰り返し出題されている問題形式を例としてお話ししましょう。

▼時間配分・得点配分計画をあらかじめ立てる

まず、問題を解くときに大切なことは、**あらかじめ「時間配分、得点配分計画をつくる」**ことです。

たとえば、都立高校入試では大問1で漢字の読み、大問2で漢字の書き、そして大問3は全問の中ではじめて取り組む文章題（小説）です。

国語の問題を解くにはリズムが大切です。あとに続く大問4の説明文の問題は大人が読んでも、ゆうに10分以上かかる難関で「自然の造形からデザインを学ぶ」のような中学生が日常考えないテーマの文が続きます。

仮に説明文の問題が大問3にあり、最初に解く文章題だとしたら、「何言っているかわからねーよ！」とパニックになり、そのあとに簡単な小説の問題があっても落とす受験生が続出することでしょう。

では、説明文の問題を小説の問題あとに置いてくれている都立高校入試は親切か？　そんなに甘くはありません。説明文のあとには、大問5で古文・漢文・和歌まじりの会話文や随筆の問題が控えています。さらに大問４の説明文の問題は、４題の選択問題と最後の1題は２００字作文です。じっくり問題に取り組むお子さんだと、大問４の作文で力尽きるケースが少なくありません。

ちなみに、大問５の配点は25点、大問４で力尽きると、国語は最高点が75点となってしまうのです。

それゆえ、私は、次のような順序と時間配分で問題を解くよう教えています。

【1】大問1、大問2　漢字の読み書き⬇上限2分（思い出せないものは思い出せない、1問2点という配点の低さから）

【2】大問3　小説⬇文章読み上限3分。1問上限3分、合計で13分程度

【3】大問5　古文漢文和歌まじりの現代文⬇文章読み3分、1問上限3分（古文・漢文・和歌の知識は、最小限。現代文の文章題の解き方でＯＫ）

【4】大問4　説明文➡上限20分（作文は芦澤式で定式化した書き方に、問題の内容を当てはめるだけ。直前まで練習して書けるようにならなければ捨てる。最初から捨てると決めたならば精神的安堵感、ほかの問題にかける時間が増えるメリットのほうが大きい）

後述する芦澤式消去法のメソッドを体得した生徒は、国語が苦手で学校の成績が1の子でも、選択問題は8割正解できます。国語は最低60点取れる計画になります。これが時間配分、得点配分計画です。過去問を解いておく意味はここにあるのです。

国語の問題は志望校の入試で二度と同じ文章は出題されないので、予想問題を解いたほうがよいのでは？　と思う方がいるかもしれません。私は、絶対にノーと主張します。なぜなら、予想問題は入試本番の問題とは練られ方が違うからです。予想問題を解くよりは、過去問を繰り返し解いて、時間配分、得点配分を身につけ、本番の出題傾向を体得したほうがよいでしょう。だから私の塾では、入試対策演習は過去問しか使いません。（ただし、生徒が受験する学校よりも難易度の高い過去問を使って、自分の受験校でより高得点を目指す演習は行います）。

▼模擬試験の効用

それでも私は年間を通じて模擬試験を受けることを奨励（なかば義務づけ）しています。それは次の５つの理由からです。

①塾外、学校外の受験生の中での自分の位置づけがわかる
②出題範囲がある時期（直前期以外）の模試では、出題範囲ごとに自分の得意不得意が判明する
③塾で習った解き方、時間配分、得点配分を実践できる
④高校など会場での受験となるので、本番の入試の予行演習ができる
⑤志望校の判定も得られる

志望校判定は5番目にあるので、「模試の目的は合否判定では？」と意外に思う方も少なくないでしょう。一般的に偏差値30台のお子さんが、偏差値70近い学校を志望した場合の合格判定は1％程度。これは正しい判定で、志望校の変更が必要でしょう。

しかし、合格判定30％だからと、ただちに志望校を変更する必要はありません。私はこのような進路変更の指導はしていません。夏期講習、冬期講習、直前講習を通じて、徹底的に必要最低限の知識を身につけ、私の教える方法をマスターした生徒は、偏差値20超えというミラクルを、次々に巻き起こすからです。

私の塾に通っていないお子さんでも、合格判定30～40％ならば、十分に逆転のチャンスはあります。

とくに、夏や初秋の模試で30～40％判定をとったからといって、安易に志望校は変えないことです。むしろ「志望校のレベルを下げたのだから、勉強もソコソコでいいや」という悪しき逆効果が生まれます。

05 ▼ 必要最低限の知識だけ身につける

「はい、これから秘伝のテキスト（プリント）を配布するぞ。今回の夏期講習で配布した200ページのプリントをすべて頭に入れておけば、社会の入試で100点取れることを保証するぞ。頑張って覚えなさい！」

合格保証をうたう塾には、このような丸暗記や、無理難題を押しつけるところが少なくありません。山積みのプリント、まとめ本を隅々まで覚えることができるならば、そもそもその子は学習塾には通いません。そんなに多くの知識が必要か。たとえば、公立高校の社会の入試では、論理的に理解しているかが問われるので、丸暗記では対応できません。

また、市販されている社会のまとめを歴史、地理、公民と合わせると100ページ近くになります。

でも、社会だけで100ページ近くの知識を覚える余裕はありません。理科、英語の単語・文法、数学の公式、ほかにも覚えることは山ほどあります。困った……。

そこで私の塾では、**生徒に必要最低限の知識に集約して教えます**。

社会の知識であれば、中学校3年間（小学校6年間）を通じて、頭に入れるよう指示する内容は、おおむね20ページのプリントに集約されます。

歴史は時代区分を知る骨子と流れの知識のみ、地理は位置・気候・産業のマトリックスから主要国を中心に、世界や日本全土を眺める知識（と地図記号）、公民の政治分野は日本国憲法の三大原則からすべてを説明する骨子、経済は三主体と需要供給から説明するアウトライン、これらに集約するから20ページにまとめられるのです。

たとえば、難しい人名を漢字で書く歴史の問題、年号を書く問題は東京都立高校入試では出題されません。参考書やまとめ集にある知識のほとんどが、入試ではいらない知識なのです。

一方、入試では時代区分は非常に重要です。

たとえば、「運慶快慶の金剛力士像」と書けても東京都立入試では得点になりません。どの時代区分につくられたものかを問われるからです。だから、「鎌倉時代＝武家の時代＝ゴツゴツとした文化」のような理解をしておくことが重要です。

ここで質問です。公民の政治分野で、日本国憲法の三大原則で一番大切な原則は何でしょう？　学校や塾の先生にこの質問を投げかけると、ほとんどの方が「？」という顔をします。私は生徒には次のように説明しています。

日本国憲法の三大原則で一番大切なのは「基本的人権の尊重」。これを守る決まり（日本国憲法）がないと「走れメロス」の王様のような権力者に、理由もなく捕まって死刑にされてしまう事態が起きてしまう。

それを防ぐにはどうしたらよいか。法律を王様が制定するとしたら、嫌いなメロスを処罰するため、「メロスの家は代々、王家を苦しめてきた因縁のある家系。国民の安全のためには、メロスの家につながるものは処罰しなければならない」という神話をつくりあげ、「メロス処罰法」を定めてしまう（立法）。こんな法律ができると、法律に基づいて王様の軍隊や警察が動いて、メロスを捕まえてしまう（行政）。

そして、王様の前でメロスは死刑を宣告される（司法）。この悪循環に陥らないためには、法律をつくり国政を動かす主人公が、国民でなければならない。これを「国民主権」という。でも、いくら尊重すべき（基本的人権）を憲法で定めて、国内での政治の主人公が国民だとしても（国民主権）、外国と戦争になって空から爆弾が降ってきたら、人権など絵に描いた餅になってしまう。

だから、「平和主義」が定められている。（この考え方は、憲法学の一般的な通説に基づく説明ですが、学者全員がこのように考えているわけではないことはお断りしておきます）。

私は公民の政治分野では国民主権から三権分立まで、すべてこのストーリーに基づいて説明します。だから、「法律をつくる機関はどこだっけ？　内閣かな？　法律だから裁判所かな？」と迷わず、「国民の代表者が集まる一番国民に近い国会」と答えることができるのです（136～137ページの図参照）。

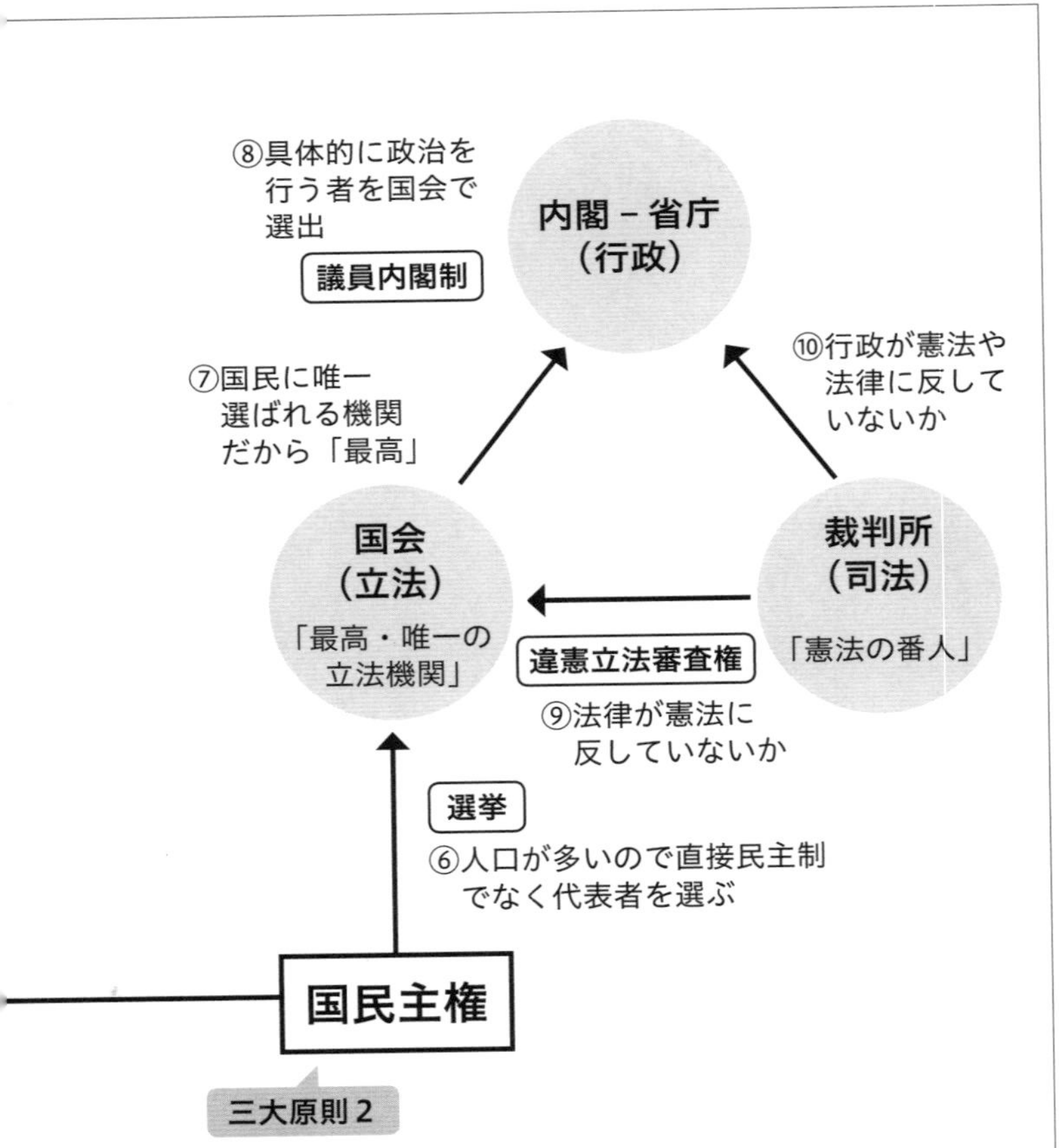
⑧具体的に政治を
行う者を国会で
選出
議員内閣制
内閣－省庁
（行政）
⑦国民に唯一
選ばれる機関
だから「最高」
⑩行政が憲法や
法律に反して
いないか
国会
（立法）
「最高・唯一の
立法機関」
裁判所
（司法）
「憲法の番人」
違憲立法審査権
⑨法律が憲法に
反していないか
選挙
⑥人口が多いので直接民主制
でなく代表者を選ぶ
国民主権
三大原則２

日本国憲法三大原則と三権分立の関係図

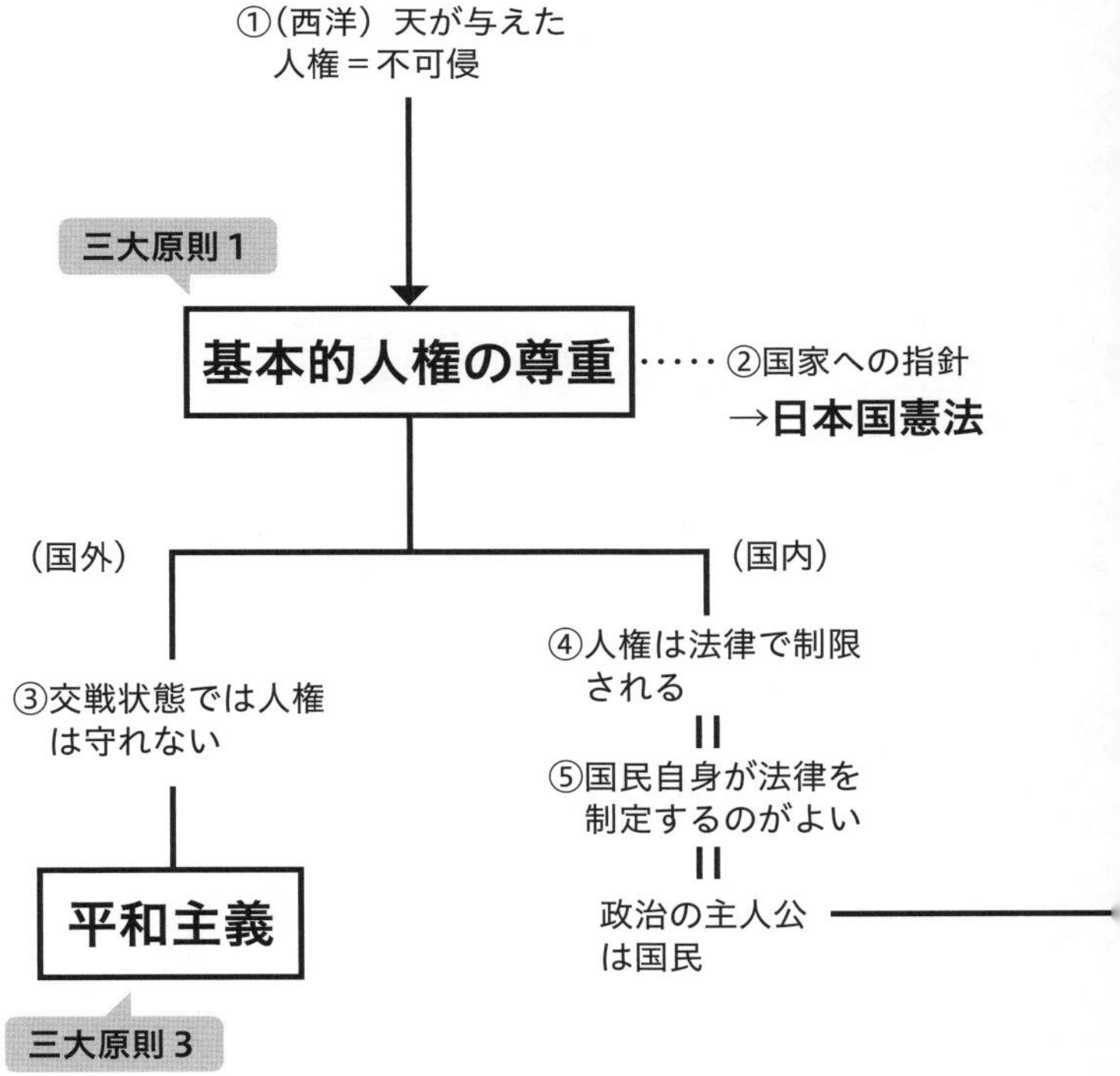
①(西洋) 天が与えた
人権＝不可侵
三大原則 1
基本的人権の尊重
②国家への指針
→日本国憲法
(国外)
(国内)
③交戦状態では人権
は守れない
平和主義
三大原則 3
④人権は法律で制限
される
＝
⑤国民自身が法律を
制定するのがよい
＝
政治の主人公
は国民

06

解答に必要な箇所だけ読む

ここからは国語の問題の解き方についてお伝えしましょう。

都立高校の国語の入試問題で最多出題記録を誇るのが、大問3の小説の問題での「(傍線部の) 表現について述べたものとして最も適切なのは次のうちどれか」という選択問題です。

私は**「表現を問う問題は、傍線以外は読まない」**ことをすすめています。なぜなら、傍線部の表現を聞かれているので、ほかの箇所を読むとかえって混乱するからです。

絵画の表現を聞かれたときに、額縁や壁を見るでしょうか？　絵画が飾られている壁の感想を述べたりはしないはずです。

では、過去の東京都立高校の入試問題大問3の〔問1〕を通じて考えてみましょう。

問題文のあらすじは、優しいおじいちゃんのもとで暮らしていた父と娘。父が仕事のため東京に戻ることを、海辺の展望レストランでおじいちゃんに切り出す話です。おじいちゃんはそのことを察知していて、母（海外から帰国した）が話を切り出す前に、「東京に帰りとうないか？」と声をねじ込むのです。

選択問題では、この表現から読み取れるおじいちゃんの様子を聞いています。表現の問題では、傍線部だけを読みます。

おじいちゃんは「声をねじ込んでいる」んですよね。

では、選択肢を見てみましょう。選択肢を見る際のポイントは、選択肢の全文を読まないことです。左のア〜エは一部分の抜粋です。

ア　突然新しい話題を持ち出した様子
イ　強引に言葉をさえぎって話し始めた様子
ウ　ことさら優しく問いかけた様子

エ　さりげなく話題を変えて会話に加わった様子

ここでは、「様子」を尋ねられているので、選択肢（ア〜エ）の最後に共通して書かれている「様子」に○をつけて、前のページで抜き出した箇所のように○に近いところにできるだけ短く線を引きます。その理由は問題を作成する担当者は、「様子」の部分をまず作成し、そのあとで、受験生が迷うように「様子」以外の部分を付け加えるからです。

次に、各肢の線を引いた箇所と傍線部の表現を見比べます。

では、この選択肢の中で、生徒はどれを選ぶでしょうか。

例年、多くの生徒が、選択肢ウの「ことさら優しく問いかけた様子」を選びます。

なぜなら、〝優しいおじいちゃん〟だからです。

ちょっと待って、と感じた人は鋭いですね。

全体の文章では「優しいおじいちゃん」ですが、傍線部では「母が話を切り出す前に、『東京に帰りとうないか？』と声をねじ込む」とあります。

「ねじ込む」というのは、はたして優しい話し方、様子でしょうか？　だから選択肢ウは✕です。このように考えると、選択肢エ「さりげなく話題を変えて」も✕です。

あとは、選択肢ア「突然新しい話題を持ち出した様子」か、選択肢イ「強引に言葉をさえぎって話し始めた様子」の二者択一です

このように、選択肢を消去法で少しずつ絞り込んでいくのです。

07 4ステップの消去法で答えを導き出す

一般的に学校や塾で教える消去法は、違うと思う選択肢の記号（ア〜エ）に×をつけるというものです。

ですが、私の教えている方法は違います。次の4段階で答えを絞り込んでいきます。

①「様子」「気持ち」「から」などの、問いに直接答えている箇所に○をつける。

②○の言葉に近い部分、「様子」「気持ち」「から＝理由」をあらわす箇所に短く線を引く（不安な気持ちから、文章全体に長い線を引くようにすると、問題に答えている部分があいまいになるから）。

③線を引いた箇所と問題文の傍線を見比べて、自信をもって「違う」と考える箇所

には×をつける。そのうえで、選択肢の記号（ア～エ）に×をつける。自信がない選択肢には△をつけてどんどん先に進む。

④多くの場合2つ程度の選択肢が残ったら、残った選択肢の傍線を引かなかった箇所にさかのぼり〰〰線を引いて、問題文の傍線と見比べて答えを出す(左図参照)。

ア．―突然新しい話題を持ち出した様子　△

イ．―強引に言葉をさえぎって話し始めた様子　△

ウ．―ことさら優しく問いかけた様子　×

エ．―さりげなく話題を変えて会話に加わった様子　×

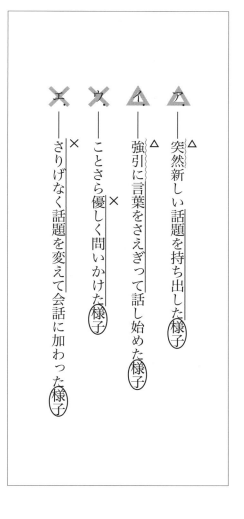

139ページの文章の問題に戻ります。

おじいさんの「声をねじ込む」という表現は強い調子ですから、選択肢ア「突然〜を持ち出す」よりも強い選択肢イ「強引に」が正解となります。

「面倒くさい。選択肢の記号（ア〜エ）に✕でいいじゃない！」と思うかもしれません。

しかし、慣れてしまえば、学校の国語の成績が1のお子さんでも、瞬時にこの作業ができるようになります。

入試は「精度×速度×情熱」です。この解き方は精度と速度を飛躍的にアップさせます。

▼常識や感覚・思い込みで答えない

私がこのような解き方を指導する理由はたくさんありますが、主な理由は次の3つにまとめることができます。

①「だいたい」「なんとなく」「常識だから」という不正確な解き方を排除するため
②選択肢全体を何度も読み返すことを防ぐため
③機械的に作業することでリズムをつくるため

これまで20年以上国語の指導に携わってきましたが、国語の選択問題を間違える理由のワースト1は、「なんとなくこれだと思った」です。

次に、先の例で述べたような「おじいちゃんは優しいから、ここでも優しい対応をしただろう」と、余計なことを付け加えてしまう理由があり、「環境は大切だ」のような一般常識的な選択肢を、文脈を読まずに選んでしまうという理由が三番目に続きます。国語の読解は文章を正確に読み取る科目で、常識クイズや雰囲気当てクイズではありません。

この3つの誤った答え方を止めることができれば、選択問題の点数は飛躍的に伸びます。私の教える消去法の練習を繰り返すことで、文章を正確に読むトレーニングができ、記述問題でも正答率がアップするのです。

08 読解問題には頻出語句と「×の推測」が働く語句とがある

次に、選択肢を見る際のポイントをご紹介しましょう。
選択肢を選ぶ際に注意すべきなのは、次のような表現です。

・「時間の経過とともに」
・「順序立てて丹念に」
・「ユーモラス」
・「誇らしく」

都立高校入試の選択肢で、過去繰り返し出てくるキーワードに「時間の経過とともに」「順序立てて丹念に」があります。この言葉が入っている選択肢は、「×の

推測が働く（間違いである可能性が非常に高いが、例外はある）」と教えています。

絵画や写真などのビジュアル化すると一瞬で伝わることも、言葉にすると長くなります。長い文章を見ると時間が経過しているように思え、「時間の経過とともに」という選択肢を選びそうになるので、注意が必要です。

「順序立てて丹念に」というのも「×の推測が働く」言葉です。人の顔を言葉で伝えるときに、必ず「目から伝え、次に鼻、口」などという順序はありません。どの順序で表現するかは作者の自由なのです。

頻出語句としては「主観」と「客観」の区別は重要です。授業中唐突に「きゃりーぱみゅぱみゅは（ナイツのようにわざと言葉をカミながら）、可愛い？」と尋ねると笑いながらも意見は二分します。これが「主観」です。「じゃあ、タレント？」とお尋ねるとほとんどの子が「タレント」と答えます。これが「客観」です。「誇らしく」という言葉は、お笑い芸人のオードリーの春日さんの物まねをして、イメージを伝えています。

このように、重要語句はジェスチャーでイメージできるように指導しています。

09 ▼ 読解力の伸ばし方　初級編「飛ばし読み」

前著『1か月で偏差値20伸ばす芦澤式学習法』（産学社）の出版から約8年がたちましたが、芦澤式は指導を重ねることで日々進化しています。とりわけ進化を遂げたのが**「読解力」**についてです。

「国語は幼児のころの読書量に依拠する」「伸びない科目」などと言われていますが、実は私の塾の生徒が入塾後、1番伸びる科目が国語なのです。

その秘訣の一部を公開しましょう。

▼ 文章の構造や骨組みを踏まえた「飛ばし読み」

まずはごくごく初歩的で、基本的な読み方からご紹介します。

まず文章には必ず**テーマ（主題）**があることを意識します。

たとえば、友情、親子関係、師弟関係、学校での人間関係から地球温暖化、世界平和に至るまで、文章にはさまざまな「筆者の伝えたいこと」があります。これがテーマです。

テーマを捉えること、そのテーマについて筆者は何と言っているか、これを捉えること、そして**自分の意見や印象を付け加えず**、文章に書かれていることを理解するのが読解力なのです。

▼小説の読み方

小説は**「ストーリー＋心情変化」**でテーマについての筆者の考えを伝える表現形態です。

小説を読むときに重要なのは、次の3つのポイントです。

①最初の（　）または文章の前半でストーリー（いつ、どこで、誰が、何を、ど

うした）を把握する。
②棒線部（出題箇所）と会話部分「　」で、ストーリーの進行と心情を読み取る。
③場面転換には印をつけて注目する（場面が変われば、ストーリーも心情も変わる）

場面転換に注目しつつ、「登場人物に感情移入したり、ときには反感を持ったりする読み方は小説が狙った通りの読み方です。

ストーリーは「いつ、どこで、誰が、何を、どうした」を意識して読み進めます。最初に（　）があってストーリーを説明してくれている問題文もあります。その場合には、（　）をしっかりと読んでください。最初に（　）がなくても大丈夫。文章の前半を「いつ、どこで…」を意識して読んでいけば、ストーリーを把握することができます。

ストーリーの進行や心情は、出題されている傍線部と会話部分「　」を中心に読み進めてください。

重要なのが場面転換を意識することです。

１３９ページの問題で、おじいちゃんの様子を聞く出題がありました。ここで「全体の雰囲気で、何となく」文章を読んでいると、おじいちゃんは優しく語りかけた、という選択肢を選んでしまいます。

でも「強引に声をねじ込んだ」のは、決して優しい語りかけではありません。場面が変われば、ストーリーや描写、心情も変わります。場面転換の箇所には「」をつけます。

私が「　」会話の重要性をさまざまな場所で言っているので、入試で裏をかかれて会話が極端に少ない問題が出題されることがあります。

その場合には、次の方法で読んでみてください。

・場面が変わっている箇所周辺をていねいに読む（段落が変わっている周辺）
・棒線部周辺をていねいに読む

情景描写は、そこに棒線が引いてあって出題されていない限りは、読み飛ばして大丈夫です。

たとえば「緑の立ち込める茂みを分け入って分け入って、ザッ、ザッと雑草を踏わからない言葉は「とばす」

場面転換

を思いめぐらしていたのです。

するとどこからやって来たか、突然彼の前へ足を止めた、片目眇《すがめ》の老人があります。それが夕日の光を浴びて、大きな影を門へ落すと、じっと杜子春の顔を見ながら、

新たな登場人物はチェック！

「お前は何を考えているのだ」と、横柄に声をかけました。

「私《わたし》ですか。私は今夜寝る所もないので、どうしたものかと考えているのです」

老人の尋ね方が急でしたから、杜子春はさすがに眼を伏せて、思わず正直な答をしました。

「そうか。それは可哀そうだな」

老人は暫《しばら》く何事か考えているようでしたが、やがて、往来にさしている夕日の光を指さしながら、

小説、説明文ともに数詞に注目！

「ではおれが好《い》いことを一つ教えてやろう。今この夕日の中に立って、お前の影が地に映ったら、その頭に当る所を夜中《よなか》に掘って見るが好い。きっと車に一ぱいの黄金《おうごん》が埋《う》まっている筈《はず》だから」

重要！

「ほんとうですか」

『蜘蛛の糸・杜子春』（芥川龍之介　著／新潮社）より

小説を読むときのチェックポイント

・ストーリー「いつ・どこで・誰が・何を・どうした」
・心情変化　・場面転換・「　」会話に注目

或《ある》春の日暮です。（いつ）

唐《とう》の都洛陽《らくよう》の西の門の下に、ぼんやり空を仰いでいる、一人の若者がありました。（時代背景）（どこで）（誰が）

若者は名を杜子春といって、元は金持の息子でしたが、今は財産を費《つか》い尽して、その日の暮しにも困る位、憐《あわれ》な身分になっているのです。（様子）

登場人物と関連する描写は把握

何しろその頃洛陽といえば、天下に並ぶもののない、繁《はん》昌《じょう》を極《きわ》めた都ですから、往来にはまだしっきりなく、人や車が通っていました。門一ぱいに当っている、油のような夕日の光の中に、老人のかぶった紗《しゃ》の帽子や土耳古《トルコ》の女の金の耳環《みみわ》や、白馬《しろうま》に飾った色糸の手綱《たづな》が、絶えず流れて行く容子《ようす》は、まるで画のような美しさです。（対比）

しかし杜子春は相変らず、門の壁に身を凭《もた》せて、ぼんやり空ばかり眺《なが》めていました。空には、もう細い月が、うらうらと靡《なび》いた霞《かすみ》の中に、まるで爪の痕《あと》かと思う程、かすかに白く浮んでいるのです。

「日は暮れるし、腹は減るし、その上もうどこへ行っても、泊めてくれる所はなさそうだし――こんな思いをして生きている位なら、一そ川へでも身を投げて、死んでしまった方がましかも知れない」（「」内は必読）

心情を表す言葉には下線

杜子春はひとりさっきから、こんな取りとめもないことみ締めて、汗をかきかき30分ほど歩くと視野が開けて、目の前に大きな山があった」という描写は、「茂みを抜けたら大きな山があったんだな」とストーリーだけ捉えてください。

▼説明文の読み方

テーマについて理屈をつけて著者の考えを説明するのが説明文です。みなさんも聞いたことがある「起承転結」「序論、本論、結論」のような論理構成を行います。

説明文の読み方のポイントは次の２つです。

①最初の段落でテーマを、文章の後半で結論を、棒線部で出題内容と文章の進行を把握する。
②具体例をしっかりと読んで、テーマと結論に結びつける。

全文を読んでいると時間が足りなくなる人は、最初の段落でテーマを掴み、最後の段落で結論を確認する、途中の棒線が引いてあるところは入試で出題されている箇所なのでしっかりと読む、あとは読み飛ばしても構わない、と指導しています。

せっかちな著者の場合、先に結論を言ってしまい、後ろから説明をすることがあります。

「起承転結」「序論、本論、結論」型ならば、最初の段落でテーマが、最後の方に結論があります。「結論→説明」型ならば、最初に結論があります。いずれにせよ最初の段落をしっかりと読む必要があります。


起承転結を理解するには、4コマ漫画の展開がわかりやすいでしょう。新聞で連載していた当時の「サザエさん」の4コマ漫画を例にご紹介します。

1コマ目では波平父さんが会社に出勤するため早足で歩いています。その先にはバナナの皮が落ちています。波平父さんは道を急いでいるのでバナナの皮に気づいていません。これが「起」です。

2コマ目では1コマ目を受けて波平父さんは歩き続けます。前のコマの内容を受けているので「承」です。

ところが、３コマ目で前に出した足でバナナの皮をまたぎ、意外な展開となりました。前の内容と進行が変化したので「転」です。

しかし、４コマ目は、後ろ足でバナナの皮を踏みスッテンコロリン、やっぱりベタなオチになりました。これが「結」です。

「序論、本論、結論」型は「転」がなく、波平父さんが転ぶパターンです。説明文でいうと、「転」は**筆者の説への反対説とそれに対する批判**、想定される反対説を論理的に批判しておく箇所です。

でも、これだけ把握しても説明文を読みこなすのは困難です。説明文は論理中心で抽象的、何を説明しているかイメージがしづらいからです。

説明文では具体的なイメージを読者に与えるため、必ず具体例が書かれています。抽象的な説明文を小説のようにイメージしやすく具体化してくれるのが、具体例です。説明文を読むときは、**具体例でテーマと結論を理解する**のもポイントの１つなのです。

10 ▼ 読解力の伸ばし方　中級編 ストーリーや論理展開を想像しながら読む「推測読み」

これまでお伝えした読解法は初級編、時間が足りなくて全文読めない方向けの読解法です。このような飛ばし読みは時間が足りなくなってしまう方にとって有効です（実は公立高校の入試は、この読み方で7割程度は点数が取れます）。

しかし、全文読まないと文意がわかりづらい文もあります。理想的には飛ばし読みはせず、速読したいものです。

そのために有効な方法が**「推測読み」**です。

「推測読み」とは文章の先にある内容を推測しながら読み進めていく方法です。

推測読みのポイントは、次の3つです。

①小説は先のストーリーを、説明文は先の論理を「推測しながら読む」（当てるこ

とが目的ではない）
②意味のわからない熟語は、漢字にバラして語句を推測する練習をする
③小説は、心情や行動がポジティブかネガティブかによって、プラスマイナスをつけて符号化する。説明文は著者の説か反対説か、著者の説を裏付ける事例か批判的な意味で用いている事例かによって、プラスマイナスをつけて符号化する。

説明文の推測読みでは、文章を読みながら、著者の考えを「プラス」（肯定）としたら、反対意見を「マイナス」（否定）で符号化します。述べられている事例についても、プラスの意味に使われている事例と、マイナスの意味で使われている事例に分けて符号化します。これは、説明文を読むときに有効な読み方です。

ちなみに符号化するというのは、プラスマイナスで思考を固定化する（決めつける）という意味ではありません。著者の説と反対説、事例について批判対象なのか、著者の説を裏付けるための事例なのか、検証しながら読み進めていくのがポイントなのです。

推測読みは内容を当てることに主眼があるのではありません。むしろ当たらなく

て、「あれ？　思っていた展開と違うな？」となったほうが、内容が頭に入ります。

文章を読んでいて途中でわからなくなってしまう原因のほとんどが、文章の内容が頭に入ってこないことです。興味がないテーマだとなおさらです。

そんな場合に、「この先に何が書いてあるのだろう？」と推測しながら読み進めると、文章がクイズのように感じられて内容が頭に入ってきます。

たとえば、大学入試センター試験の問題で、出だしが「学校の授業で『ここはテストに出す』と教員が宣言すると、生徒の頭の中でテスト向けに授業を聞くように組み立てられる」という説明文がありました。

私ははじめてその文章を目にしたとき、「そのような組み立てをしてしまうと、生徒が自分で考えることを阻害するからやめたほうがいい、という文脈なのかな（マイナス判断の推測）」をしました。

しかし、読み進めるにつれて、「授業をデザインする」という内容であり、「テストに出す」と宣言することで記憶定着を図る、「自由に発想する」と宣言するならば思考力を育成する、など「授業をデザインすることについてはプラスマイナスの

（推測読み）「健康に時代性があるのか」

感は自覚的であり、不安定である。健康というのは元気な若者においてのように自分が健康であることを自覚しない状態であるとすれば、これは健康ということもできぬようなものである。すでにルネサンスにはそのような健康がなかった。ペトラルカなどが味わったのは病気恢復期の健康である。そこから生ずるリリシズムがルネサンス的人間を特徴附けている。だから古典を復興しようとしたルネサンスは古典的であったのではなく、むしろ浪漫的であったのである。新しい古典主義はその時代において新たに興りつつあった科学の精神によってのみ可能であった。ルネサンスの古典主義者はラファエロでなくてリオナルド・ダ・ヴィンチであった。健康が恢復期の健康としてしか感じられないところに現代の根本的な抒情《じょじょう》的、浪漫的性格がある。いまもし現代が新しいルネサンスであるとしたなら、そこから出てくる新しい古典主義の精神は如何《いか》なるものであろうか。

『人生論ノート』（三木清　著／新潮社）より

人名？主義？気にせず先に進む

指示語に注目

（推測読み）「なぜ『浪漫的』なのか」

繰り返し出てくるキーワードに注目
「テーマ」の可能性が高い

プラス、マイナス
いずれの意味で
使っているか？

近頃私は死というものをそんなに恐しく思わなくなった。年齢のせいであろう。以前はあんなに死の恐怖について考え、また書いた私ではあるが。

思いがけなく来る通信に黒枠のものが次第に多くなる年齢に私も達したのである。この数年の間に私は一度ならず近親の死に会った。そして私はどんなに苦しんでいる病人にも死の瞬間には平和が来ることを目撃した。墓に詣《もう》でても、昔のように陰惨な気持になることがなくなり、墓場をフリードホーフ（平和の庭──但し語原学には関係がない）と呼ぶことが感覚的な実感をぴったり言い表わしていることを思うようになった。

私はあまり病気をしないのであるが、病床に横になった時には、不思議に心の落着きを覚えるのである。病気の場合のほか真実に心の落着きを感じることができないというのは、現代人の一つの顕著な特徴、すでに現代人に極めて特徴的な病気の一つである。

実際、今日の人間の多くはコンヴァレサンス（病気の恢《かい》復《ふく》）としてしか健康を感じることができないのではなかろうか。これは青年の健康感とは違っている。恢復期の健康

キーワードで文意をつなげる

「死」の疑似体験＝「フリードホーフ」

話題の転換マーク

「ぴったり」と言っている
のでキーワードとして理解

に入ってきます。

評価はしていない」ことに気づきました。推測はハズレですが、内容はバッチリ頭

知らない語句に関しても同様で、「この熟語の意味がわからないから、読めない（調べる）」とせずに、熟語を漢字にバラして推測する練習をしてみると力がつきます。

たとえば、「企図」という熟語の意味がわからなかったとします。「企」を使った別の熟語は「企画」「図」は「図画」「意図」などで用います。だから「図（イメージ）を意図的に企画する」と考えることができれば、「目的を立て実現手段を計画すること」という「企図」の意味に近づきます。

このような「推測読み」ができるようになると、難解な文章でもどんどん頭に入ってくるようになり、文章を読む速度が格段に上がるのです。

私の塾では初級の「飛ばし読み」で文意を読み取れるようになったあと、中級の読み方として「推測読み」で全文を読む練習をしてもらっています。

11 ▼ 読解力の伸ばし方 上級編

ここから先は「国語が一番得意。偏差値70超え」に近づく読解力養成法で、やや上級者向けの読み方になります。ポイントは次の2つです。

①知識を増やす読み方……知っている・考えたことがある内容を増やすために読む
②批判的検証をする読み方……反対説を意識して批判的に読む

世の中ではまことしやかに「国語力は幼児期の読書量によって固定化される」ように言われています。

幼児期からの読書量の多さは語彙力（意味を知っている言葉の数）や推測力、「触れたことがある内容」を増やす点に意味があります。

だったら「読解力を上げる！」と決意したときから、読書体験を増やせばよいのです。「ジャンルは？　オススメの作家は？　何冊ぐらい読んだら力がついてくるの？」

書店で購入して、丸1冊読む必要はありません。

読むべき文章は「志望校の入試問題、同レベルの入試問題に掲載されている文章」です。

年度をさかのぼって、同レベルの学校の入試問題まで広げて、入試に出題されている限りの文章を読んで、問いを解きながら内容を深めておけば良いのです。出題者の視点から受験生に問いたい、と考えるテーマの宝庫が入試問題なのです。入試で出題されたテーマについて、数多く接しておくこと、一度は深く考えておくことが大切です。

たとえば、中・高入試に出題された説明文で取り扱われたのは「地球温暖化、グローバル化、少子高齢化、共生社会」のような社会問題になっているベタなテーマだけではありません。「建築の東西の違い、自然の造形から学ぶ、書は芸術か」のように、学校教育ではあまりなじみのないテーマも出題されています。

環境問題についても、「自然そのもの、生態系そのものが尊いという環境論」ではなく、徹底的に「人間中心の環境論（人間にとって有益か否か、の観点）」が公立高校の入試問題で出題されたことがあります。

「環境論」は学校で学びますが、「人間中心の環境論」は学校では教わらない、環境活動家やジャーナリストならば怒ってしまいそうな内容です。

その点を読み取れず、学校や報道で学んだ知識、常識で問題を解いてしまうと、出題されている文章とは真逆の内容で解答することになり、全部✕になりかねない出題でした。

この問題を作成した入試担当の教員が、人間中心の環境論を自論としているわけではないことと思います。あくまで「現場で読解する力」を試すために、あまり触れたことがない考え方を提示したのだと理解すべきです。

「だったら学校で習う知識を身につけても意味ないじゃん！」と思うかもしれません。

いいえ、それでも学校などで学ぶ知識や常識（たとえば環境論）について一度考えておくことは重要です。

なぜなら、反対説を批判的に読むことができるようになるからです。

たとえば、なじみのない「人間中心の環境論」の文章に対して、「環境論」の知識を持ったうえで違和感を持ちながら読み進めることは、先ほどご説明した「推測読み」や上級編の「批判的検証」につながります。

入試問題の演習をしていたときに「人間中心の環境論」が出てきたとします。そのときに「人間にとって役立たなければ、トキや日本オオカミは絶滅していいのか？それって人間本位じゃん！」とツッコミを入れられるととても良いです。

これが「批判的検証をする読み方」になります。

▼ただ文章だけ読んでいても読解力は上がらない

とはいえ、読解力は漫然と文章を読んでいても培われるものではありません。

ＰＩＳＡ（ＯＥＣＤ生徒の学習到達度調査）２０１８年版で、日本の生徒の読解力が15位に低下したことが問題視され、指導要領の大改訂が行われました。その背景には、日本の生徒の論理力の乏しさがあります。

たとえば、アメリカの生徒はディベートを通じて、反対説の検証をする機会を持っています。ディベートでは自分の考えと異なる立場に立ち、論拠をその場で考えて、論拠を明確にして討論するのです。このような機会がたくさんあるアメリカ人と、ほとんどない日本人とで交渉をした場合、日本人が負けてしまうのは明白です。

「学校ではディベートの時間なんかないよ」という方もいらっしゃるでしょう。

大丈夫です。先に述べたように、文章を批判的に検証する読み方をすれば、ディベートと同様の効果を上げることができます。

私の国語の授業では、問題文を読んだだけで1時間が終わってしまう、なんてこともあります。音読をしてもらい、文脈や語句の推測を行い、時には出題テーマについてクラスでディベートを行ったり、社会や時事ネタとつなげて考えたりします。その結果、幼児期に読書体験を積み重ねていなかったお子さんも、国語力が飛躍的に向上します。

受験期に突入する前にこの練習を積み重ねていくことで、不動の国語力が身についていきます。

12 読解力を身につけるとコミュニケーションもうまくなる

このように受験テクニックを並べていると、「真の学力を育成できるのか？」と思われる方もおられるかもしれません。

しかし、私の教えている学習法はテクニックだけではありません。

「表現について聞いているから表現だけに注目する」

「読解の際に常識や思い込みは持ち込まない」

これらは文章読解の王道であり、**ポイントを絞り込んで理解することは対人コミュニケーションでも非常に重要**なのです。

私の塾を巣立った自閉症、不登校などのラベリングをされた生徒たちは、ＡＯ入試で自己表現をして大学に合格し、高倍率の就職試験を突破するなど、数々の実績をあげています。

作文・面接の授業や思考法の授業、面談などを通じて、数え切れないほどの対話やいっしょに考える経験の成果ですが、絞り込んだ読解問題・解き方も思考を培うために貢献しています。

授業では、必ず答えを選んだ理由を説明してもらうので、生徒の論理性も向上します。「芦澤学院長の授業は頭をフルに使うので終了後、ドッと疲れが出るが爽快感がある！　だんだん頭の使い方がわかってくる」これが生徒たちの感想です。

わかった気にさせる頭を使わせない授業では、お子さんの思考力はつきません。負荷をかけた日々のトレーニングが、本番での実力の発揮につながるのは、スポーツと同じなのです。

翼学院公式ゆるキャラ「つばさくん」

第4章

▶ お子さん自身を発見して合格へ導く面接・小論文突破法

01 〝優等生〟では面接は通らない

近年、公立高校の入試でもパーソナルプレゼンテーション（規定の時間内で自身のアピールをする入試。以下、ＰＰと記述）など、人物を見る形式の入試が増えてきました。大学入試では以前から、ＡＯ入試という形で存在していた入試形態です。また推薦入試では公立私立問わず、面接や小論文を課す高校は少なくありません。

所属中学の校長先生や進路指導担当教諭に面接対策指導を受けてきた生徒は、みんなロボットのようです。

入室時のノックを忘れると減点、座るときに「失礼します」と言わないと減点、家族を「お父さん、お母さん」などと「さん」づけで呼ぶと減点……。まだこれらはマナーを重んじる姿勢の表れ、と考えて許容できるとしても、中には、「進学校を受験するのに、将来の夢がメイクアップアーティストとは何たることだ！　受験などやめちまえ！」と校長に怒鳴りつけられ、私のところに泣きながら来た女子生徒もいました。

私に言わせると大きなお世話で、これは中学校長の発想の貧弱さからくる発言です。「気持ちが沈んでいる人を美しくして、元気になってもらいたい」女子生徒のこのような思いを汲み取ることができない（引き出すことができない）、良い大学に進学することが最上の価値基準である校長の考えには呆れます。

さらにくわしく女子生徒に聞くと、「最先端のメイク技術を身につけるために海外留学したい」とのこと。私はすべてありのままに面接で話すことをすすめました。

結果は当然合格。入塾時にお母さんが「うちの子はそんな偏差値の高い学校、とてもムリです！」とおっしゃった学校に、受験勉強と面接・作文対策、生徒と二人三脚で合格しました（もちろん、ご両親も私たちとガッチリ連携して応援してくださいました）。

私たちの**面接指導は、減点方式では行いません。**

ノックを忘れたことに気づいたら、頭をかいて「忘れてごめんなさい」と言えばよい。そんなところで高校の面接官の先生は人物を判断しないと確信しています（私は大学では受験生を、都道府県の教員採用試験では教員を選考する立場にあるので断言できます）。

みなさんなら、一点の淀みもなく敬語を操り、事前に準備してきた100点満点の回答をするお子さんと、つたない話術でも熱心に将来の夢を語る元気なお子さんと、どちらに好感を持ちますか？　おそらく、**熱心に夢を語るお子さんのほうが、魅力的に見える**はずです。

「貴校に入学して、勉強や部活を精一杯頑張りたい」

面接では、ほとんどのお子さんがこのように言うでしょう。このような定型的な言葉は、挨拶程度のインパクトしかありません。

面接の先生から「どんな勉強？」「どんな部活？」「なぜ、中学のときにはあまり頑張れなかったのに、急に高校で頑張る気になったの？」などと突っ込まれたらヤブヘビです。

ですから、**面接ではロボットや優等生のような回答ではなく、自分の言葉できちんと伝えられるように対策をすることが大切**なのです。

02 ▼ 面接は学校との「お見合い」

私の面接対策授業では、「面接はお見合いだ」と教えています。

お見合いでは表面的なキャリアも無視はできませんが、相手の人格を踏まえた相性が大事です。バブル崩壊後、コロナ禍の中では、女性のあいだでの、3高神話（高学歴・高収入・高身長）は崩れているそうです。世に言う一流大学を出て、上場企業に就職し、結構な収入を得ていた男性も、リストラで高身長以外は失いかねない世の中です。それよりも、生涯の伴侶にふさわしい価値観や人格を備えているほうが重要だそうです。

高校受験での面接も同じです。

お見合いのように、**自分の個性をしっかり伝えて、相手（志望校）と良い関係が**

築けることをアピールすべきですし、**「あなた（高校）の○○が素敵だと思います」とラブコールを送るべき**なのです。

学業が優秀でも、その子が学校生活の中でのびのびと成長していけるかどうかわかりません。一流の高校に進学して有名大学を目指しても、プレッシャーから親や兄弟を殺《あや》めてしまったお子さんもいます。

勉強ができる生徒を求める超進学校は別かもしれませんが、校風を理解して学校生活で自分を伸ばしていける生徒を求める気持ちのほうが、面接官の先生は強いと思うのです。

面接の授業では、いつも私は「滝沢カレンさんと私がお見合いしたら……」という話をします。褒められなれている滝沢カレンさんに、私のような一般人が「キレイですね」のような言葉を言ったところで、インパクトはありません。

ここで私は考えます。表面的な容姿を褒めるのでは一発逆転は狙えない。ならば、「会席にいらっしゃったときに、先に到着していた私の靴をさりげなく揃えてくださいましたね。その指先のしぐさに惹かれました！」

と言ってみる。まぁ、これでも滝沢カレンさんは振り向いてはくれないでしょうが、「キレイですね」よりは印象に残るでしょう。

入試の面接でいえば、「キレイですね」は「貴校の質実剛健という校風に惹かれ」や「明るい校風に惹かれ」などの言葉になるでしょう。

「学校見学に来る道すがら、道に迷った私を優しいお姉さんが学校へ連れてきてくれました。笑顔がとても素敵でした。お姉さんは颯爽と貴校の校舎に入っていきました。『入試頑張ってね！』という一言を残して……」

と変えてみてはどうでしょう。

自校の生徒の内面を褒められて悪い気がする面接の先生はいないはずです。

このように、面接ではいかに自分の言葉で気持ちを表現するかがポイントになります。保護者の方はお子さんが自分の言葉でできるように、サポートしてあげてください。

03 ▼ 入試は「自分探し」のチャンス

私は面接・自己PRの対策をすることは、格好の「**自分探し**」のチャンスと捉えています。

お子さんは自分では、将来の夢について漠然と考えている場合があります。そこで**保護者や周りの人がサポートすることによって、志望校に進学する理由をはっきりと自覚し、面接では自分の言葉で動機を伝えられるようになる**のです。

ここで農業学校を志望するお子さんが、合格を勝ち取るまでの経緯をご紹介しましょう。

最近は農業高校出身で大学で生命工学を学ぶ生徒もいます。工業高校から大学の工学部へ、商業高校から商学部や経営学部へ進学する生徒もいます。従来の職業制高校＝成績の悪い子の学校、というイメージは間違いです。

私との面接では、農業高校の体験入学で、収穫したイチゴに砂糖を加えトロトロに煮込む様子、一口食べたらあまりにおいしくて、学校の友だちや家族に分けてみんなで食べたこと、ホッペが落ちてしまった、という話を熱心に語ってくれました。たどたどしいしゃべり方ですが、実においしそうに話すのです。

そこで「将来は何になりたいですか？」「なぜ、農業高校なのですか？」と聞いてみたところ、動機がない。「偏差値から考えて農業かな、と思ったから。別に工業でもいい、第二志望は私立の工業高校」と言います。

これじゃあ、もったいない。まずい。

そう考えた私は、生徒といっしょに幼いころのこと、家の仕事、過去に記憶に残っている体験、などさまざまなことについて語り合いました。その結果、彼が中学の職業体験で調理の手伝いをして、お客さんの喜ぶ顔を見ることに無上の喜びを感じていたことを知りました。

この話を通じて、彼が漠然と将来調理師になりたいと思っていることがわかりました（自分でも気づかなかったようです）。そして、彼はこの夢を胸に、中学での三者面談に臨みました。

しかし、中学の先生からのメッセージは、「調理師になりたいなら、農業高校じゃないだろう。成績も悪いんだから調理師の専門学校に行きなさい」とのことでした。でも、彼はその高校に進学したい。なぜか中学の先生にダメ出しを受けたら余計に農業高校に行きたくなったようです。

もちろん、農業高校には調理師コースはありません。

「学院長、どうしたらいい？」と泣きそうな表情で尋ねる彼に、「職業科とはいえ、高校じゃん。食物に関する基礎的な学習をしたいという動機がいいんじゃないの？」と私は答えました。

「トレーサビリティ（食品が「いつ・どこで・誰が・どのように」生産し、流通したのかを追跡・遡及《そきゅう》するしくみ）が重視される昨今、素材の安全やおいしさを追求した料理をするためには、野菜の種を蒔くところから学ぶことには非常に意味があると思うよ。最近の農学では、バイオテクノロジーの学習は欠かせない。遺伝子組み換え食品も調理師にとって不可欠な知識だと思うよ」と伝えました。

彼は私が口にしたキーワードを熱心にメモして帰り、自分でインターネットで調べました。その結果、農業高校に無事合格。農業高校を卒業した現在は、調理師の道を歩むべく日々、厨房で努力しています。

ほかにも、中学校では「高校など行けるわけないだろう」と三者面談で親子で叱られた知的障害のある女子生徒が、私たちの面接の授業を通じて、「花が大好きなので将来花屋になりたい」という夢を見つけたこともあります。彼女が生けた花には、美的センスが感じられたので、これをPRして、見事、都立高校エンカレッジスクール（普通科でありながら30分授業の工夫など行っている高校）の合格を勝ち取りました。

面接を通過するためには、将来の道への興味を深めるためのサポートが必要です。保護者の方は、**お子さんと語り合いながら、実際に何かをいっしょに体験してみるなど、面接でお子さんが自らの言葉で熱意を語れるように、サポートしてあげてください。**

04
「過去→現在→未来」を一連でつなげて個人史をつくる

東京都立高校の中には、学力テストを課さない「エンカレッジスクール」、不登校経験者や高校中退者の過去を問うことなく、現在の意欲に基づき選抜をする「チャレンジスクール」という高校があります。チャレンジスクールは内申書を求めません。

私の塾の生徒の中にはチャレンジスクールやエンカレッジスクールを受験するお子さんがたくさんいます。

これらの学校を受験するお子さんは、私が指導を担当します。なぜなら、ともに遠大な自分探しの旅をしなければならないからです。「しなければならない」なんて書きましたが、本音を言うと私はこの指導が通常の学習指導よりも大好きです。

私の面接、作文、プレゼンテーションの指導は、その生徒が生まれてから現在までの個人史をつくるところから始めます。

まず、長い矢印を書いてその中に、小学生、中学生と時期を位置づけます。そして、その中で家族構成、家族との関係性、記憶に残った出来事、中学校生活などを確認していきます。

この個人史づくりは、中学3年生ならば中学で終わりにはせず、高校、その先の将来へと続けていきます。未来の自分史を、「不可能だ」や「あり得ない」という限界は設けずに描いてみるのです。

自分史づくりの中で過去を振り返ってみると、必ず、今の自分をつくったと言える出来事や人間関係があります。それを自分の未来にどう活かしていくか。近い未来でいうと高校生活、さらに先の未来でいうと職業など、自分史づくりで自分の将来の夢が見えてきます。

面接や「将来の夢」について書く作文、プレゼンでは、過去のどんな出来事、考え方が将来の夢へとつながっているのかを示すことが大切です。

高校が提示するプレゼンの例としては、「手話、手品、ダンス」などがあります。毎年多くの生徒が手話を使ったプレゼンテーションをやりたがります。「手話＝福祉＝良いこと」というイメージがあるので、手品やダンスよりも高尚なこと、試験に受かりやすいことに思えるのでしょう。

しかし、入試間際になって一生懸命手話を練習して、それで高校の面接担当の先生に何をアピールできるでしょうか。

過去の生徒で、私が手話でのプレゼンをOKしたのは1名でした。将来、福祉の仕事に就きたいという明確なビジョンを持っていた子だけです。それでも「福祉の仕事をしたいから手話を練習しました」という説明だけではよしとせず、実際に何度か手話サークルに行ってボランティアをして、聴覚障害がある人と手話を使ってきてもらいました。

そのうえで、「手話で話すことの難しさ」や「喜び」を語ることができるようにして、手話サークルからの推薦状を携えてPPに臨んでもらったのです。

もちろん結果は合格です。その子は現在、高校を卒業して福祉の専門学校に進学

過去の経験が現在の自分をつくっていて将来の夢につながる！

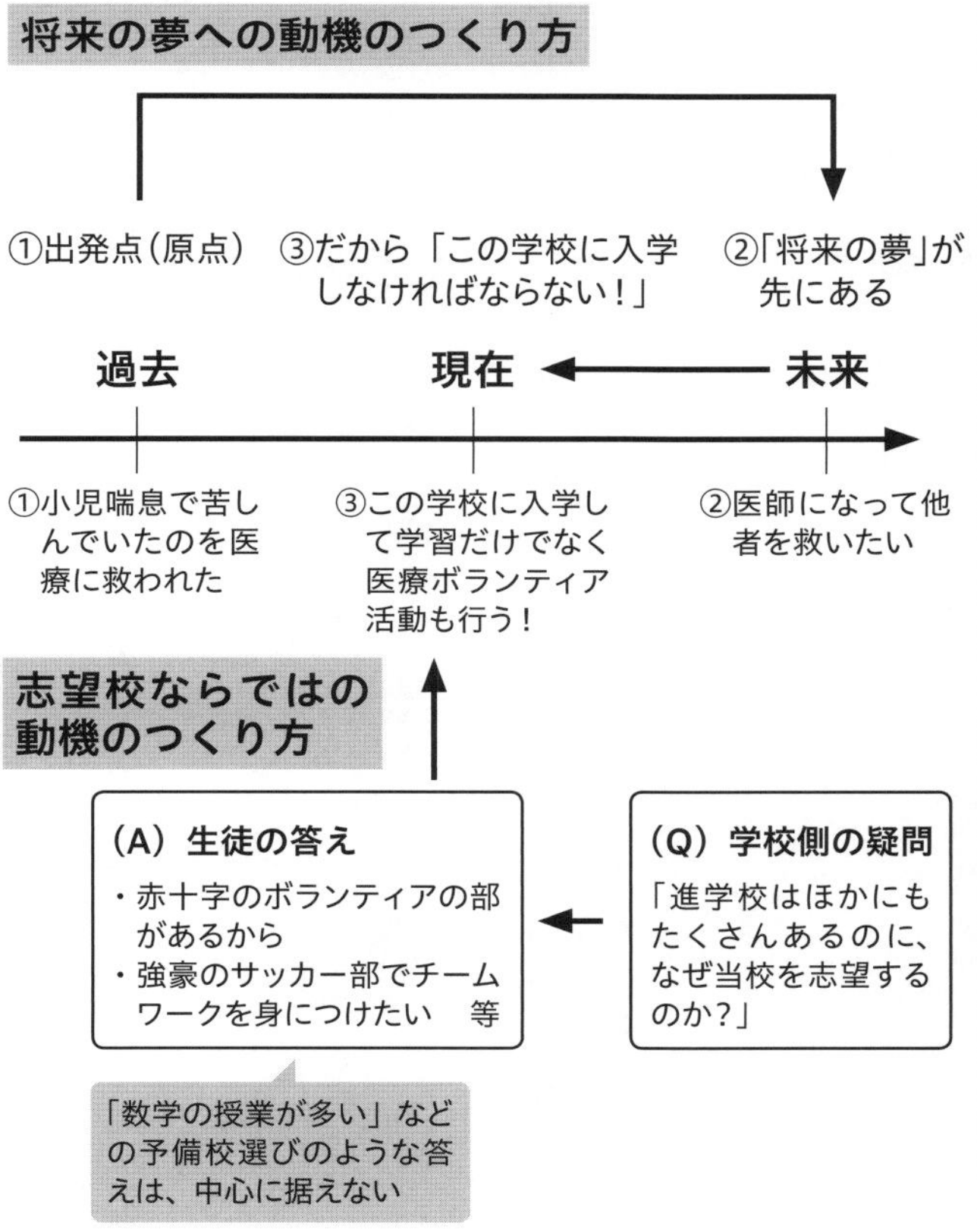

しています。

面接や自分に関する作文、プレゼンは、それまでの人生と将来が一貫した視点でつながっていなければなりません。

中学でサッカー部に入っていたら、高校でもサッカーをやらなければならない。一度決めた「なりたい職業」は変えてはいけない。そういうことではありません。あくまでも、過去の経験や感じたことが将来に活きるという意味での一貫性です。

就職・転職試験の例で説明しましょう。

就職・転職試験では、自分のキャリアが一貫していることが最も大切だと言われています。

たとえば、自動車販売の営業の仕事に就いていたが、苦しくなったから人と接することが少ない調理師になりたい。このような動機で試験を受ける人を採用するレストランはあまりないでしょう。

とはいうものの、キャリアの変更をしてはいけないわけではありません。

「営業の仕事でお客さんの喜ぶ顔を見ることがやりがいだったが、できている製品を販売するだけでは物足りなさを感じてきた。そんなとき休日に娘に夕食をつくってあげたところ、おいしいと喜ぶ笑顔に無上の喜びを覚えた。思い起こしてみれば大学祭でつくったお好み焼きを食べるお客さんの笑顔が忘れられず、私は営業職を志したんだ。私の原体験の料理の道で多くの人を喜ばせたい。そう考えると、いてもたってもいられなくなり、面接を受ける今日まで、数あるレストランを巡って味について考えてきた」

これなら、先にあげた動機よりも、採用確率は上がるでしょう。

大切なのは、「やってきたこと」の一貫性ではありません。この例の「人の喜ぶ顔が見たい」のような一貫性で、人生そのものが貫かれていることなのです。

05 ▼「反省する」自分からの脱却

生徒の中には「自分は誇れることなんかない」「そんな体験なんか思い浮かばない」と言う子もいます。特に不登校、成績が悪い、非行歴があるお子さんには「過去の自分は悪いんだ、だから高校に入ったら人生を変える」と作文で書いたり面接で発言をする子が少なくありません。

しかし、過去の自分を全否定すると、その先の人生は暗くなってしまいます。

私自身どんなに後悔した経験でも、その後悔があるからこそ将来に活かすことができると考えています。

そのため、生徒の経験や考え方が表れる面接や作文の指導では、**まず自分をありのままに振り返るよう指導**しています。

Cさん（15歳女子）は不登校で、中3になってから1日も学校に行ったことはありませんでした。それでも塾には休まず通い、特に国語が大変得意でした。学校の出席日数が著しく少ないことから、内申書の提出不要のチャレンジスクールを受験することになり、3年生の12月になって私の作文・面接対策授業を受講し始めました。

彼女は小説や詩の創作では大人顔負けの才能を発揮するのに、「中学校生活と高校への抱負」などの作文を書くと、てんで迫力がありません。作文の内容は「私は中学のころ、学校にまったく行かない悪い子でした。高校に入ったら毎日学校に通って、勉強に部活に頑張ります」といった具合です。そのうえ、面接の練習となると、急に伏し目がちになり、小声で「すみません」を連呼するのでした。

この状態が入試直前1週間まで続き、このままでは彼女の個性は発揮されず、およそ5倍近い入試には不合格になってしまうと考えた私は、保護者の方に許可をいただいて一か八かの賭けに出ました。面接のリハーサルで、「なぜ、学校に行かなかったの？」とダイレクトに尋ねたのです。

「私が友人と上手に関わることができなかったからです」と答えるCさん。

それに対して私は
「じゃあ、高校に行っても同じじゃん。周りの子がいくらCさんと仲良くしようとしても、Cさんは拒絶しちゃうんだろ？　高校に行ってもまた学校に行けなくなっちゃうんじゃないの？」

と言いました。不登校の生徒を取り扱う大人向けのマニュアルでは、「してはいけない」と言われる聖域に、私はあえて踏み込んでみたのです。

当然、どんな子でも、その子を追い詰めるようなことはしてはならないのが原則です。

しかし、私と彼女とのこれまでの関係性、また彼女はここで壁を1つ乗り越えないと次のステージに進むことができないと考え、細心の注意を払いつつタブーに切り込みました。

はじめは面食らっていた彼女ですが、次第に私に対して怒り、その怒りが段々自分を苛《いじ》めた学友に向き、何もしてくれなかった学校の教師に向いていきました。普段は能面のように無表情だった彼女が、はじめて見せる憤りの表情でした。一通りの話を終えると、彼女は大粒の涙を流し、「学校に行けず、悔しかった」という言葉を漏らしました。

そこで私は、対人関係では距離感が大切なこと、踏み込んでしまったら謝ればいい、遠くなったら半歩近づけばいい、という趣旨の話をしました。

すると、試験まで残り1週間にして、彼女の作文はみるみる変わっていきました。「自分だけが悪く、高校に行ったらすべてを変える」という内容から、「難しい点もあるかもしれないが、周囲に助力を求めつつできることからしていきたい」という内容へ変化したのです。

面接の対応も明るく、喜怒哀楽をはっきりと表すことができるようになりました。高校に合格した彼女は無遅刻無欠席ではないものの元気に通学し、周囲との関係性も変わってきたようです。

自信のないお子さんでも、周りが真正面から向き合い、応援することができれば、お子さんは面接や小論文で自分を素直に表現し、乗り越えていけるものなのです。

06 ▼ 課題型作文の書き方

ここからは、作文の書き方をご紹介していきましょう。

作文には2種類のパターンがあります。1つは課題文が与えられてそれについて自身で考えることを書く**「課題型作文」**。代表的なものは公立高校の国語の問題の中で課される200字作文です。

たとえば東京都立高校では、説明文を読んだうえで「自らの体験を踏まえて、考えを述べよ」という200字作文が課されます。課題型作文のパターンは、

①本文の内容を理解していることを示す要約
②要約した内容に関する体験を書く
③自身の考えを書く

この3点です。

作文は書き出しでつまずくお子さんが非常に多いです。何と書き出したらいいかわからず悩んでしまい、時間がたってしまうのです。

そこで、私は作文の書き方のパターンを提示し、これにあてはめるだけで文章をつくることができるよう指導しています。

そのパターンは次の3つです。①〜③の順で書き進めてもらいます。

①「本文（この文章）では〜と述べている」

まず、冒頭で本文の要約をします。ただし、本文の要約を間違えると論点がずれます。要約するためには、文章の最後と最初を読みます。起承転結、序論・本論・結論という構成を考えると、要旨は最後の段落で、最初の段落では問題提起がされていることが多いからです。

②「この点について、私は〜という体験をした」

出題された文章に即した経験を持っていなくても、本文の例を参考に自身の経験を思い出して書きます。

③「だから私は、～と考える」

作文の結論の部分は、基本的に本文の要旨への賛否となります。ただ「だから私は～に賛成（反対）である」とは書かずに、「～が重要であると考える」など見解を述べる論調で書くことが好ましいです。

これらは小手先の技術のようですが、そうではありません。課題型作文で問われるのは文章力ではなく、文意の読み取り能力と論理的思考力、集約力なのです。

たとえば、東京都立高校入試国語の２００字作文にかけることができる時間は上限10分である、と私は考えています。10分でその場で考えた構成でその場で考えた内容を書くのは、大人でも非常に難しいことです。

だから、生徒にはこのフォーマットで２００字作文に臨んでもらっています。これが４００字、８００字となっても同じで、課題型作文はこのフォーマットでほとんど対応できるのです。

07 個性を伝える一行型作文の書き方

推薦入試で課される作文のテーマは「中学生生活を振り返って」「高校生活への抱負」「私の大切なもの」「私の家族」などで、主に**個人の考え方や人物を評価するためのもの**です。

どんなに名文を書いても「体育祭のあとのビールがおいしかった！」や「登下校時の喫煙タイムが忘れられない思い出です」などと書けば、間違いなく不合格でしょう。

では、「熱心に仕事をして私たちを送ってくれる父、家事をしながら常に私たちを優しく見つめてくれている母、勉強する私の隣で読書する弟。弟とはいつも仲良しです。こんな弟を私はとても大切に思っています」という優等生の作文ならいいのでしょうか？

私ならば「嘘コケ！」と読み飛ばします。読者のあなたは、どのような人を友だちにしたいですか？　付き合いやすい友だちは、適度に失敗もするし喜怒哀楽がある人物ではないでしょうか？　作文を採点する側も同じです。親しみを感じない優等生の作文には違和感を覚えます。

人物評価の作文のポイントは３つです。

①優等生の作文にしない
②喜怒哀楽を持った人間らしさが伝わる内容にする
③自分の個性を隠さず、前向きに表現する

たとえば、次のように書きます。

「夏休みに宿題をやっていると、弟が隣でテレビを見て騒ぐので頭をポカリと叩きました。弟がギャアギャア泣き叫んだため、母に叱られて私は家を飛び出しました」

このあとどうなるんだろう、読む側も楽しみになります。

「その弟が夏休みの終わりに高熱を出して寝込んでしまいました。両親は法事で留守にしていて、私はどうしてよいか困ってしまいました。苦しそうにうなっている弟の姿を見て、『テレビを見て騒いでも怒らない。お願いだから良くなって』と祈りました」

どうですか？　先ほどの優等生の作文よりも活き活きした感じが伝わり、書いているお子さんの人物像が伝わりやすいですね。

個人の考え方や人物判断の作文を課す高校は、あわせて面接も行うところが大半です。作文では活発なスポーツ少年と描いていながら、面接で会ってみたら思い切りインドアな少年、というのでは説得力がありません。それならば、自室でパソコンに向かう時間の長さから根気強い性格をアピールし、自身の個性を偽らずポジティブ（積極的）に表現できるように準備しておきましょう。その準備のため、自身の生活や長所、短所を振り返ることは、自分を見つめ直すいい機会になります。

お子さんは作文・面接・プレゼン対策を行うことを通して、今まで気づかなかった自分に気づき、それを活かした道に羽ばたいていくことができるのです。

全日本プロレスチャンピオンを囲んでの塾内イベント

▶ お子さんのために、こんな先生を選ぼう

第5章

01 お子さんの成績を伸ばす先生の10のポイント

よく学校の先生から「塾は個別指導ができるからいいけれども、学校は1クラス30名はいるからね。1人ひとりの力を伸ばす指導は難しいんだよ」という声をお聞きします。

確かに私の塾ではクラスも少人数で設定しているので、1クラスの人数は学校よりも少ないです。

しかし、直前期にどうしても「芦澤の授業を受けたい！」という場合には、生徒数が50名を優に超えてしまう場合もあります。その50名の中には、発達障害の子もいますし、著しく学力が低い子もいます。私は1人たりとも授業を聞き流す子がいないように、毎回全力を尽くして創意工夫をして授業をしています。私以外の講師にも「クラス指導内での個別支援を行うように」と伝えています。

ホワイトボードに向かって講師が1人でしゃべっているようでは「クラス授業での個別支援」ができません。どんなにすばらしい指導でも、一方通行の指導では、動画配信授業と大差はありません。動画配信授業では、学習が苦手な子が成績を伸ばすことは難しいです。

そこで私の塾では、オンラインでのクラス授業でも、クラスの参加者1人ひとりに語りかける対話中心の指導を行っています。

とはいえ、さまざまな学力の生徒が集う50人のクラスが最初から一体感を持って、1人ひとりが主体的に授業に取り組むことは不可能です。想像してみてください。前日遅くまでインターネットをやっていてうたた寝している子、隣の席の子とおしゃべりしている子、スマホをいじっている子、漫画を描いている子……。はじめて私の授業を聞く塾生もいる授業初日は、このような塾生は皆無とは言いません。

しかし、数回授業を行ったのちには、みんな前のめりに授業を受講してくれるようになっています。私の発言に真剣に耳を傾け、質問には活発に発言をしながら、問題が解けた喜びに「よっしゃ！」などの歓声をあげながら。

指導者側の取り組み方によっては、必ずこのような指導を行うことができるようになります。

しかし、そのためには「熱意だけには集約できない指導技術」が必要です。

この章では、保護者の方が学校選択に先立って授業参観に行かれたとき、塾の無料体験授業を受けられたときに、成績を伸ばす授業かを判断する視点をお伝えします。授業参観の際に、いくつの条件を満たす指導かをチェックしてみてください。学級崩壊などで悩まれている教育関係者は、ご自身の授業をセルフチェックしてみてください。必ず役に立つはずです。

1 生徒への質問を欠かさない授業をしている

人間が本当に集中できる時間は、10分程度と言われています。授業中フルタイムで一方通行の授業をしたら、お子さんが飽きてしまうのは当然です。

たとえば、私の歴史の授業では、古代から現代に至るまで、大筋の流れをストーリー仕立てでお話しし、「さて、この鎌倉幕府を開いた人は誰だっけ？」などと要所要所で特定の生徒を指名して質問します。1回の授業で全生徒が指されるようにします。

あくびをしていたり、よそ見をしていたりすると、指される確率が飛躍的に高まります。答えられないときはパスを認めますが、時間がたったあと再び同じ質問をそのお子さんにします。

2　愛コンタクト、間の取り方に注意している

「愛コンタクト」とは、「理解してくれよ」「頑張れよ」という思いを込めた、eye（眼と眼）のコミュニケーションのことです。「よくできた！」と褒めるときには、私の眼は喜びに満ちあふれています。反対に、「しっかりしてくれよ」と伝えるときには、眼で訴えかけます。

私は直情的な人間なので、「この子たちにこの難問を理解させることができれば死んでもいい」と思って教壇に立ちながら、目線を全生徒に常に向けています。これが「愛コンタクト」なのです。

難しい話をしたときに1回話を止めて、全生徒を見渡します。そこで「わからな

い」という表情を浮かべる生徒が多ければ、再度角度を変えて説明をします。

そのうち、授業の途中で「そう、be動詞プラス……？」などと、質問をする視線で言葉を止めたとき、特に指名しなくても生徒が「過去分詞！」と答えてくれるようになります。生徒の気分が高まって騒がしくなってきたとき、私が対話を止めると、それに気づいた生徒もピタッと話を止めます。

3　教師が立ち止まってレスポンスをしっかりしている

見学している講師から、「どうして生徒は学院長の言動にしっかりと反応するんですか？」と質問を受けます。理由は1つ。50名1人ひとりの生徒と個別に対話しているからです。**立ち止まってレスポンスをしっかりしている**のです。

先に例であげた受動態のbe動詞の後ろに続く一般動詞について、もし生徒が「現在分詞」と答えたら受動態と進行形の基本形を並べて提示し、例文も並べて対比して説明します。

「そんなことしていたら、授業が先に進まないのでは？」と思う人がいるかもしれません。いえいえ、そんなことはありません。ムダ話の時間を削れば先に進めます。反復することはとても重要なのです。

反復する理由や重要性をしっかり伝えて、できる子にはその機会に完璧にマスターしてもらう必要があります。場合によっては、1つステップアップした課題を与えるのも有効でしょう。

4　問題点をあいまいにしない授業をする

私のクラス授業では、個別指導並みに、勉強が苦手な生徒に向けて指導を行います。

もちろん、時間の制約やほかの生徒の進度の制約もあるので、どうしても時間内にムリなときには、授業後に個別対応をします。

お子さんが理解していない箇所があっても、あいまいにしません。原因の「分析」までは授業内で行い、通常の授業を担当する講師と校舎長に引き継ぎます。

▼5　個々のレベルに応じた課題を用意している

指導者はあらかじめ、**3ステップ程度の段階別難易度の問題集**を用意しているといいでしょう。

勉強が苦手なお子さんへのクラス内指導中、得意なお子さんが退屈してしまうときがあります。そのときは、全体への知識の指導のあとに難易度の高い課題を与え、逆にクラスについていけないお子さんには、難易度の低い問題を解いてもらうと良いのです。

▼6　たくさんの褒め言葉を持ち、的確な褒め方ができる

「この時間で飛躍的に力がついたね」

「うん、これならば次のテストは80点以上取れるよ」

「国語は得意になったんじゃない？」

「今の段階でそれだけできていればたいしたもんだ」

このように、**指導者は数え切れないほどの褒め言葉を持っている必要があります。**

ポイントは的を射た褒め方をすることです。不本意な出来、十分に理解できていない生徒に向かって「エクセレント！　よくできました」と言っても、「はぁ……」という反応しか返ってきません。

たとえば、受動態で答えるべき問題を進行形で答えてしまった生徒には「うん、それは進行形だ。ずいぶんと前にやった内容をよく覚えていたね。さて、それがわかっていれば次に進めるよ」などと褒めます。

7　お子さんの様子をよく観察して授業をする

何度もお伝えしている通り、大人数のクラス授業であっても、お子さんの様子を十分に観察する必要があります。それは、**褒めるため、また苦手なところを見つけ出して授業内で埋めるため**です。大人数で行うクラス授業も、個別指導の延長上にあるのです。

▼8　机間循環で間違いの理由を探って声をかけている

クラス授業では、机間循環（生徒の机を回ること）を行うことも大切です。生徒のつまずいているところに早く気づき、分析するためです。

クラス授業内の問題演習の時間こそ、私のもっとも忙しい時間です。机間循環を行い、悩んでいる生徒には声をかけて理由を探ります。問題を解く過程での間違い方を見て、間違える理由を分析します。

▼9　自尊心を傷つけない配慮をしている

学校やスパルタ塾の授業が嫌いになる理由のほとんどが、指導者の不用意な発言による自尊心の傷です。特に大勢の前で、自尊心を傷つけられると、お子さんは非常に傷つきます。

指導者はお子さんに対して、**自尊心を傷つけない指導をする**必要があります。

私は怠ける子には容赦なく質問を飛ばします（でも余程のことがない限り、「静かにしろ！」的な叱り方はしません）。

熱心に取り組んでいるのに理解が難しい生徒には、発問で深追いはせず、机間循環でそっと声をかけて、できる限りいいところを褒めます。

また、一度尋ねた問題について理解している様子を確認したうえで、再度同じ問題を出し答えられたときには「よく聞いていたね！　よく理解したね！」と褒めます。これもお子さんのやる気につながります。

10　指導者がフル稼働し汗をかいている

学校でも塾でもクラス授業で成績が伸びない場合、指導者の汗のかき方が足りないケースが多いです。**指導者は授業時間中、お子さんを見つめること（観察→分析→対策）にフル稼働すること**が大切です。

「あー、先生の授業は運動したあとみたいに疲れるよ。だけど爽快感はある」

「頭のトレーニングだから疲れるのは当然、負荷をかけないと筋肉はつかない。だけど俺もクタクタだよ！」

授業終了後はこんなふうに、私は運動したあとのような上気した顔を生徒と突き合せて語り合います。

02 ▼ 勉強が苦手なお子さんに適した先生とは

ここで一言付言しておくと、私の塾に通う生徒全員が学習が苦手な子というわけではありません。

詰め込みやスパルタではない「芦澤式指導法」と、個性に配慮した支援に共感してくださる保護者のご理解のもと、中高とも上位校を狙う勉強が得意なお子さんも多数在籍しています。

勉強が好きで得意なお子さんにとっては、塾は

・どんどん先に学習を進めてくれる
・どんな質問にも答えてくれる
・進学先の大学合格率などの状況や受験事情を教えてくれる

・憧れの大学についての体験を語ってくれる

という場所であることが重要です。

このようなお子さんの指導には、高学歴で勉強が得意な講師の指導が適しています。

一方で、勉強が苦手なお子さんを指導するためには、お子さんを理解するコミュニケーション力が必要です。

とはいえ学習指導なので、一定以上の学力が伴っていない講師は困ります。個別指導塾、特に発達障害専門をうたっている塾では、学力や指導力の伴わない講師が散見できるので注意が必要です。「名プレイヤーや名監督にあらず」とも言いますが、さすがに野球を知らない人は野球チームの監督はできません。

反面、学習が困難なお子さんの指導では、講師が高学歴でも「勉強ができない子の気持ちがわからない」「どこがわからないかわからない」では困ります。

先生の中には、独善的な方もいます。特に「先生」として、上から目線の指導をする講師には注意が必要です。

対人支援職は医療・福祉・教育も含めてサービス業です。お客さんに満足を与えることができず、ふんぞり返っていては、いいサービスはできません。

大学名や指導実績を鼻にかけているようでは、特に学習が苦手なお子さんの指導は難しいと言わざるを得ません。

私の塾の講師募集には、学校の教員歴30年の元大手予備校の看板講師、元一部上場企業の管理職など、社会で活躍なさってきた方から有名大学出身の卒業後3年未満の若手まで、実に多くの方が応募してくださっています。令和2年の採用倍率は、実に30倍。かなりの狭き門です。

塾部門でも放課後等デイサービス部門でも、採用試験の最終選考は必ず生徒が行います。あらかじめ協力をお願いした生徒が、実際に応募者の授業を受けて、「わかりやすい。イヤな印象を受けない」とのOKを出した場合だけ、最終合格となります。

ある講師は残念ながら生徒からダメ出しを受けて、終了後の面談で、「俺の教え方でわからないあの子が悪い！」と憤っていました。

もちろん、成績アップや合格などの成果が出ることは学習塾では最重要目標です。おしゃべり上手でお子さんたちの良きお兄さん・お姉さんだが、学習指導はそこそこ……ではいけないのです。勉強がわかるようになりたい、成績をアップさせたい、受験に合格したい。お子さんや保護者の方の本質的なニーズに応えてこその学習塾です。

03 お子さんにぴったりな先生の選び方

さて、ここからはお子さんのタイプ別に、どのような講師が支援にマッチするかについてお伝えしたいと思います。

本来、このような講師とお子さんのマッチングは、家庭教師センターや個別指導塾で行うべき最重要業務の1つです。

しかし残念なことに、このような視点から講師をマッチングするセンターや塾は、非常に少ないです。

保護者の方は、受講後のお子さんの声に耳を傾け、お子さんにとって優良な講師であるか、必ず確認してあげてください。

そして問題があると感じたら、センターや塾にそれを伝えて、場合によっては講師交代を求めてください。

▼①過去の学習内容を忘れている思考訓練ができていないお子さん

学習が苦手なお子さんのなかでも多いタイプです。

このタイプの指導で重要なのは、どこでつまずいてしまっているかをお子さんといっしょに探り当てる力です。つまずいた単元、理由がわからずに指導しても定着しないからです。

そのため、このようなお子さんには**観察・分析が得意な冷静なタイプの講師**が、が合っています。生徒の気分を高めて乗せることが上手な講師をマッチングしてしまうと、「指導を受けるとわかった気になるが、あとで自分で問題を解くことができない」という事態が起きるので要注意です。

ポイント

(i)指導をしながら生徒の様子を精緻《せいち》に観察して、苦手な箇所を的確に見つけ出す

(ii)やらなければいけないことを端的に提示し、指導内容を宿題で反復させる（安易に「できなくてもいいよ」「やらなくてもいいよ」という指導は行わない）

(iii)「○○さんのことをよく見ているよ」という気持ちを示し続ける
(iv)自身も大きな挫折経験を持っているので、お子さんに寄り添うことができる

勉強が苦手なお子さんに居残りをさせて泣くまで鍛え上げる、涙の数だけ強くなれるといったスパルタ式の教え方はおすすめできません。一時的には成績が上がったとしても、勉強嫌いになってしまうデメリットのほうが大きいからです。

しかし、お子さんが宿題をやらない場合に、「いいよ、いいよ」で終えてしまったら、永遠に成績は伸びません。

私の塾では勉強が苦手であることは大歓迎ですが、宿題を忘れると居残り学習をしてもらうことにしています。

ここで忘れてはいけないのは、居残りで目標を達成したときに、その場できっちりとお子さんを褒めることです。間違えても「やればできるじゃないか。次回からやってこいよ！」などと言ってはいけません。この言葉は褒め言葉ではなく、宿題忘れを責める言葉だからです。

講師の性別について

漫才では「べっぴんさん、べっぴんさん、1つ飛ばしてべっぴんさん」という掴みがありますが、翼学院グループの講師には「ぺっぴんさん」「(私をはじめ) イケメン」も多いです (笑)。ただ私は、性別を問わず、お子さんには人間として向かい合うように講師を指導しています。対人支援職は性別を超えたときに、真の支援ができるようになるからです。

とはいえ、「男性の先生は苦手!」という子に、あえて男性の先生をあてる必要はありません。学習以外のことに気を配らなくてよい環境は重要です。

▼②過去の学習内容は定着していないが思考力はあるお子さん

このタイプのお子さんは、「理屈っぽく、ニュースなどはよく知っているが学校の成績は悪い」と保護者の方に評価されることが多いです。本人も自覚しているのですが、「頭が悪い」のではなく「今まで学習をしてこなかったからできない」だけなのです。

そのため、**お子さんの持ち前の思考力を刺激する指導ができるタイプの講師**が合っています。マッチするのは自身も深く思考する力を持っている講師です。

「ここ重要だから覚えておくように！」という指示をする講師が指導にあたると、勉強が嫌いになります。

▼③コミュニケーションが苦手なお子さんや反応の薄いお子さん

このタイプのお子さんは、不登校、友だちが少ない、学校の教師の好き嫌いによって各教科の成績が大きく変わる、目を見て話すことが苦手などの傾向がみられます。

このお子さんの支援に適しているのは、**細かい仕草や行動を深追いしないおおらかタイプの講師**です。よそ見をするたびに「こっちを見なさい」と注意したり、宿題忘れを「なぜやってこなかったんだ！」と追及したりするタイプの講師はダメです。

ただし、このタイプのお子さんの中には、自閉症や場面緘黙《かんもく》と診断されるようなお子さんもいます。その場合は、専門知識を持った者の支援が必要な場合があるので要注意です。

身体を触られることに非常に敏感であるお子さんに、「頑張ったな！」などと言いながら肩をポンと叩いてはいけません。また、音に非常に敏感な自閉症のお子さんにも、熱がこもったキンキン声、裏返った声での指導は逆効果です。私の塾ではイヤーマフの着用を許可する場合もあります。

▼④元気のよいお調子者タイプのお子さん

このタイプのお子さんは、現在の成績にかかわらず、支援の方法がマッチするとグングン伸びる可能性があります。でも、多くの大人が「お前は調子だけいいからな～」と切り捨ててしまっていることが非常に残念です。

私の塾で過去偏差値20超えのミラクルを起こした生徒の中には、このタイプのお子さんが多いのです。

マッチするのは、**褒め上手で、共鳴して牽引する力のある、ノリの良いタイプの講師**です。

⑤非行のレッテルを貼られているお子さん

非行のラベリングをされているお子さんに適しているのは、**妙な理解を示さない、かといって説教をしないタイプの講師**です。淡々と学習指導を進めながらも、覚悟を持って指導ができる講師です。お子さんにガンを飛ばされたら怯むのもダメ、かといってガンを飛ばし返すのは論外です。

自称元不良と称して、お子さんの心をつかもうとする大人は少なくありません。しかし、「気持ちを理解すること」と「共感してしまうこと」は別物。指導者はわかった振りをしてはいけません。

学校でも塾でも、生活指導は学習指導ができてはじめて成り立ちます。「勉強を教えることが仕事の大人が、勉強をわからせてくれもしないで能書き垂れるな」これがお子さんの正直な気持ちだと思います。何もしてくれない大人の説教など、聞きたくありません。

言った通り学習したら、勉強がわかってきて成績も上がってきた。そろそろ入試が気になりだし内申が気になる。そんな個々のお子さんのタイミングを捉えて、生活指導を行うことが大切です。「初めに生活指導ありき」では心は動きません。

以前私が指導していた生徒で、赴任時にデスクの上に足を上げ制服のスカートの中からパンツをのぞかせながら、スマホを触り続ける女子が4名いる中学2年生のクラスがありました。

当時、特別支援を専門に研究・実践して港区の学校勤務と兼務し、情熱に満ちあふれていた若い私は、「一切、素行について注意せず、4名の女子を変える」という苦行に取り組んでみました（今ならば、即、注意しますが）。

学校の授業に準拠した指導の前の15分で、授業に学習ゲームを採り入れ、時には詩や自分の気持ちを文章にしてもらうなど、さまざまな取り組みをしました。そして、目の前の子の感性の鋭さに本気で感動したり、その成果を褒めたりしていると、最初は授業を聞かなかった生徒も、1学期間で足を下ろし、スマホをしまうようになりました。トイレに行くときも挙手をして、「先生、トイレに行っていいですか?」

と尋ねるようになったのです。

以上、学習が苦手なお子さんに多く見られるパターンとマッチする講師の例を挙げてみました。家庭教師や個別指導の講師選びで、保護者の方はぜひ参考にしてください。

翼学院公式ゆるキャラ「つばさちゃん」

第6章

▶ タイプ別 お子さんの支え方

01 カミングアウト中学受験、不登校を乗り越えたADHDのEさん

不登校のお子さんを支援する私塾や団体の中には、「学校などどうでもよい。お子さんが将来にわたって生活するための力をつければよい」と称して、不登校や学力不足を放置しているところが少なくありません。

しかし、不登校のレッテルを貼られて出席日数が著しく少なくなると、進学に大きな影響を及ぼします。

また、本書で繰り返しお伝えしている通り、学力は将来の生きる力や自尊感情と密接に関わっています。不登校となった原因を探り問題を解決するように進めないと、運よく進学できたとしても、その後も同じ問題が生じてしまいます。

このような意味で、ポイントになるのは**「トータルバランス」**です。学習はもちろんのこと、ソーシャルスキルトレーニング（他者や社会との関わりの練習）とあ

わせて、お子さんのメンタルケアやご家庭の支援（場合によってはご家庭内の問題の抽出とケア）が重要です。これらのトータルバランスの中で、お子さんは自身に合った歩みで育っていくのです。

これらのバランスがとれていないときに、「学校に通えないので家庭教師をつけて勉強させ、大学検定で一発逆転を狙う」「心の問題を解決するため、カウンセリングや○○療法でお子さんの心を取り出してもみくちゃにする」などの対処を行うと、「学校に合格したが不登校は継続した」「カウンセリングで励まされて学校に行き始めたが、勉強でつまずいて不登校になる」といった問題が生じてしまうのです。

ではここで、小学校で不登校になりながらも、塾で勉強が得意になって中学に元気に通っているEさんの例をご紹介しましょう。

Eさんは小学校に入ってから小学校2年が終わるまでに、数えるほどしか学校に通うことができませんでした。彼女はADHDと診断されており、教室内で落ち着いて座っていることができませんでした。

また、元気に動き回るため友だちと衝突することもあり、それがきっかけで学校に通えなくなりました。

そこで、心配になったお母さんが校長先生に相談したのですが、「家庭で甘やかすから怠け病、不登校になるんだ」という返答でした。診断名をあげて、決して怠け病ではないことを熱心に伝えましたが、校長先生は聞き入れませんでした。紹介された特別支援コーディネーターの先生も、「私はやりたくてコーディネーターをしているわけではない」と答え、学校とEさんとの間に積極的に介入しません。

学校には通うことができない彼女でしたが、私の塾にだけは小1から休まず通いました。

イスにじっと座っていられず、時々大きな声を出してしまうこともありましたが、勉強は個別ルームで行っていたので、担当講師も周囲を気にすることなく彼女と勉強ができました。周囲に気がねせず、買いものゴッコや塗り絵などをしながら、算数の勉強をし、やがて彼女は算数の勉強が好きになりました。

小学校2年になるころには、ほかのお子さんもいる教室で勉強できるようになり、その後、私の塾のスタンダード授業である「講師1名と生徒2名の受講」ができるようになりました。

自分にマッチした環境の中学に進学するため、事前に塾から相談をして受験できる中学に障害をカミングアウトしたうえで面談を重ねて、受験でも高得点で合格。障害を理解したうえで中学校が受け入れてくれているので、壁にあたっても乗り越えて登校することができています。

現在、帰国子女の講師の指導のもと英語の学習に励み、中学2年生の段階で英検2級を取得、高校では英検1級に挑戦するという目標を持っています。あわせてキャリア教育の時間では、将来英語を使う仕事に就くための調べ学習を行っています。当学院が著述している『内定プラス　一般常識&最新時事』（新星出版社）を読みながら社会を学び、通訳、翻訳、ツアーコンダクターなどのさまざまな仕事に興味を持って、調べ学習や職業体験をしています。

ご家庭、学校、塾が連携できれば、お子さんが安心して勉強できる環境が整うのです。

02

鉄道高校に合格した自閉症スペクトラムのIくん

保護者や生徒の中には「大学生になっても通いたい」「大学生になっても通わせたい」と希望する場合もあるのですが、私たちはお断りしています。なぜなら、いつまでも塾に依存していては本人のためにならないと思うからです。

お子さんには、適切なタイミングで〝塾離れ〟してもらいたいと思っています。**将来の自立のためには、学習環境についても自立していくよう支援していくことが大切**です。

ではここで、自閉症スペクトラムで鉄道高等学校に進学したIくんの例をご紹介しましょう。

Iくんは、小学生の低学年のときに、医師から自閉症スペクトラムと診断を受けました。電車が大好きで、電車の名前から時刻に至るまで、すべて記憶していました。駅名は一度電車に乗ってアナウンスを聞くだけで、すべて覚えてしまうほどの記憶力の良さでした。

ところが、英単語の暗記となると大の苦手で、大きな身体がみるみる小さくなってしまいます。また一度好きになった人は徹底的に大好きになり、大好きという気持ちを表さずにはいられません。

たとえば私は、彼にデスクの上に乗せている手を何度も握り締められ、デスクの下では足をからめられる経験をしました。用事があってメールアドレスを教えたときは、朝昼晩、毎日、時にはスマホで写した電車の写真がメールで送られてくることもありました。

私は拒絶はしません。しかし、女性の先生に足をスリスリしたときは、注意をしました。学年が上がり、私とのコミュニケーションが濃厚になるにつれて、他者との距離感について少しずつ話をしました。

一般的に自閉症スペクトラムの中で、従来はアスペルガー症候群と診断されていた子は、他者との距離感を図るのが苦手と言われています。中には好きな女性のあとを付け回して、ストーカーとして警察に捕まる人もいるほどです。

Iくんには近い距離を保つ対象を私に絞らせ、ほかの人との距離感を一定程度あけて近づきすぎたときに相手の人がどう感じるか、インタビューするなどしました。その成果もあって、中学3年生の受験の面接時には、適度な距離感を保ちつつも面接官にもしっかりと対応ができ、念願の鉄道高校に入学できました。

Iくんは高校になっても私の塾に通ってくれました。高校2年生のとき、Iくんの一番の理解者である（母子家庭で母一人、子一人の）お母さんは病気で倒れ、長期入院を余儀なくされましたが、Iくんは毎日のように電車に乗って遠い病院にお見舞いに行き、お母さんの容態について私にメールを欠かさず送ってくれました。

このように、教える側が適切な距離を保つように指導をし、コミュニケーションを図ることができれば、お子さんもきちんと理解し成長することができるのです。

03 難関高校に合格した広汎性発達障害のＪくん

保護者の方の中には、障害に甘えずほかの子と同じように育てたいという思いから、お子さんの障害をカミングアウトしたがらない方もいらっしゃいます。障害のことを学校側に伝えると、本人だけでなく周囲の方も楽になるメリットがあるのですが、本人と家庭に強い抵抗があるときには、学校側に伝えないというのも１つの選択肢ではあります。

広汎性発達障害と診断されながら、学校にカミングアウトせず難関高校に合格したＪくんの例をご紹介しましょう。

広汎性発達障害と診断されていたＪくんは、お母さんの方針で、中学校には障害を持っていることを一切伝えていませんでした。そのため、「授業中、ニタニタしてふざけている」や「ボーっとしていて教師をなめている」などの評価を受け、通塾の成果で100点に近い点数を取るようになっても、学校での成績は1や2ばかりでした。

内申書の成績が心配だったこともあり、お母さんに、学校に診断を受けていることを伝えるようにお話ししました。

しかし、お母さんは「障害を絶対にカミングアウトしません」との方針を貫かれました。お母さんのお考えは「障害をカミングアウトして、一生ほかの人に保護されて生きるのでは、生きる力をつけることができない」というものでした。

そこで、「障害があるから保護してください、と考えるのではなく、このような特性があるから理解してください、と相手に伝えることで、Jくんだけではなく相手も楽になるのではないか」と考えをお伝えしました。

けれどもお母さんの意思は固く、三者面談を重ねて本人の意向を確認したうえで、お母さんの方針を貫くことにしました。

その分、学力とコミュニケーションの向上をいっそう強化しました。

この場合、内申点を期待できなかったので入試の点数で勝負するしかありませんでした。

その後、Ｊくんは難関の高等専門学校に進学し、柔道部に入って心身ともにみるみる強くなっていきました。そんな彼を見て、「お母さんの方針も１つの選択肢だったのかもしれない」と考えました。お子さん本人と保護者の意向が同じであれば、困難があっても乗り越えていけるものなのです。

04 ▼ 名門中学に合格した自閉症のHくん

お子さんは、特に幼いころは周囲の環境やご両親の影響を受けて育っていきます。**ご両親が安定して支え続ける姿勢があれば、お子さんは難易度の高い目標にでも向かって進むことができます。**

ここで、児童発達支援・放課後等デイサービス「つばさクラブ」と翼学院を併用して、名門中学に合格したHくんの例をご紹介します。

Hくんが児童発達支援・放課後等デイサービス「つばさクラブ青砥」（以下、つばさクラブと略記）の利用を開始したときは小学校3年生でした。自閉傾向が強く他者とのコミュニケーションが苦手で、小学校に通うことができませんでした。Hくん自ら見学や体験をすることができなかったので、お母さんがさまざまな放課後等デイサービスを1人で見学した結果、「ここだったら何とかしてくれるかもしれない」と考えて「つばさクラブ」を利用することになりました。

最初のうちは「つばさクラブ」にも通えたり、通えなかったり、の日々でした。それでも翼学院グループの専門職の支援や指導員の受容もあり、徐々に「つばさクラブ」には通えるようになってきました。

しかし、お父さんは息子が相変わらず学校に通えないこと、学校の成績が低いことが許せませんでした。お父さんは優秀な成績で大学を卒業して大手企業に勤める方で、息子の障害を受容することができていなかったのです。

ご両親の障害受容の程度が異なるご家庭はよくありますが、これが原因で時には子育ての方針を巡って「離婚」にまで至ってしまうケースもあります。Hくんのご家庭でも「離婚」という言葉が飛び交い、その度に、彼は心を閉ざしていきました。

Hくんは「つばさクラブ」の指導員に補習指導を受けていました（翼学院グループでは、ソーシャルスキルトレーニングは「つばさクラブ」、学習は「翼学院」という役割分担をしていますが、学校の宿題程度の学習は「つばさクラブ」でも教員免許を持っている指導員が指導しています）。

いきなり塾で勉強をするには抵抗があった彼は、「つばさクラブ」で通えていない学校の勉強を補っていました。「学校に通っていないのに、算数の勉強の進みがとても早いね！」という指導員の言葉に後押しされて、彼は算数が得意になっていきました。

4年生になるころには、すっかり指導員に打ち解けたHくんは「（つばさクラブの）先生が紹介する塾ならば……」と翼学院の体験学習を受けることになりました。ちょっと背伸びをして、中学受験の特殊算を勉強してみました。はじめて習う内容なので解けはしないものの、理解の深さも速さも目を見張るものがありました。

体験学習後、彼はボソッと「本当は、お父さんの出身校の中学に行きたい」と言うので、くわしく聞いてみると、「勉強ができないこと、学校に通えていないことで、お父さんと仲良くすることができないこと、お母さんとお父さんが喧嘩してしまうことがとても苦しい。お父さんの出身中学校はすごいと思うんだけれども……」と言うのです。

お父さんの出身中学は東京で御三家と言われる中高一貫校で、小学校低学年から受験塾に通って目指すような難しい学校でした。

「塾で頑張ってみる！」と言う彼の希望に、お母さんは「学校に行けていないのに無理なんじゃないの。受験が圧迫になるんじゃないの？」ととても心配そうでした。

お父さんは「本人がやるって言うんだったら、やらせてみてはどうか」と満更でもない様子。お母さんと「圧迫にならないよう上位校合格は目指さない」という約束をして、彼は翼学院に入塾することになりました。

その後、Hくんはメキメキと理数系の力をつけてきました。模擬試験で偏差値60を超え、小学校5年生になったとき、「僕、小学校に行けるかもしれない」と自分から言い出したので、無理をせず、保健室登校からスタートしました。

「つばさクラブ」の指導員が「学校どう？」と尋ねると、「同級生がみんな、幼く見える」「前に学校に通えず悩んでいたとき、僕が悪くておかしいのかと思っていた。でも今は、周りの子が幼くて仲良くするのが難しい、ということに気づけた」と言います。

それがわかったから「学校に無理をして合わせることはないんだ」と考えられるようになり、また理数系が突出してできることも自信となり、小学校は保健室登校からクラス登校へ移ることができるようになりました。

6年生になって受験期が迫ってきました。そのころには文系も含めて4科目で偏差値70台になっていたのですが、お母さんは「競争が激しい環境に入れたくない」と言い、近隣の私立中学に進学することを希望していました。

この頃になると、お父さんはすっかり乗り気で「ダメもとで自分の出身中学を受けてほしい」とのことでした。肝心のHくんは「将来、科学者になりたいからお父さんの出身中学に進学したい」と言います。

今度はご両親が進学先のことで夫婦喧嘩をするようになってしまったので、私たちは、「Hくん自身の希望を尊重する、事前にお父さんの出身中学にHくんの苦手感について相談してみる、複数受験をして追い込まれない環境をつくる」ことを提案しました。中学校側は「ほかの生徒に迷惑をかけるような行為をするのでなければ、コミュニケーションが苦手なことは理解して受け入れる」と言ってくれました。最後の追い込みの1年間、彼の姿を自習室で見ない日はありませんでした。

お母さんは毎日のように、不安になって、翼学院グループの養護教諭にＬＩＮＥで相談してきました。その相談は深夜にまで至ることもありました。相談内容はお母さんの受験への不安、夫婦関係が主でした。受験期になると、ご両親の離婚話も「Ｈの受験が終わるまで」ということで棚上げになっていました。Ｈくんの成績が上がってくるにつれて、お父さんは受験への思いが強まってきました。

お父さんの相談相手は私でした。そんなご両親を傍目に、彼は、翼学院の校舎長との信頼関係のもと、淡々と学習を続けていきました。毎日接している私が見ていても、精神的な成長ぶりは目を見張るものがありました。

翌年２月、「受かりました！」という一報がお母さんからありました。感極まって涙されていました。

結果は、偏差値でいうと75〜68の学校５校全部合格。

制服ができたタイミングでＨくんがご両親を伴い挨拶に来ました。お父さんもうれしそうで、何度もHくんの頭を撫でていました。Hくんは照れ臭そうに手を振り払っていました。そんな親子の仲を、お母さんもうれしそうに見つめていました。

お母さんは「ずっと精神的に支えてくれた翼学院の先生に感謝している」とおっしゃってくださいました。ご両親とも涙を流されていて、養護教諭、校舎長、私も涙腺が緩みました。Hくんだけはクールに、照れ臭そうに喜びを表現していました。

このころには彼は感情表現も豊かになり、友人に対しても、イヤなことはイヤ、とはっきりと言えるようになっていました。「中学に進学しても、大丈夫だろう」と私は確信しました。

その後、彼は数学で学年で1位になったと報告に来てくれました。ご両親とともに仲良く暮らしています。

「偏差値が高いから難しい大学に行きたいのではなく、研究者になりたいから大学に行きたい」と動機がしっかりしている彼は、この後、困難にあたったとしても、ご両親とともに乗り越えていくことができるでしょう。

このように、時には親自身が周囲のサポートを借りて進むことで、お子さんの未来が大きく開けることもあるのです。

おわりに

翼学院ではやみくもに上位校を目指す指導はしていませんが、「自他と折り合いをつけて、得意なことで生きていく」ため、その子にとって「学力」が役に立つならば、全力で応援したいと考えて日夜指導しています。

「今でも教壇に立っているのですね！」と驚かれるのですが、私にとって生徒のみなさんとの国社の学習は大切な生きがいです。

冗談（半ば本気）で言うのですが、私自身「サボっているとオヤジ（父）にぶっ叩かれて学力を身につけたことで、今、生きていることができる。そうでなければ刺されて死んでしまっていたか、刑務所暮らしをしている」とお子さんたちに語ります。妙に迫力と説得力があるようで、「地域で手のつけられない不良」と言われる子ほど、シーンとなって、その後「勉強しよう」と机に向かってくれます。

ＡＤＨＤ、双極性障害、愛着障害、睡眠障害、不登校、短気、ビーバップハイスクール時代の不良……あらゆる困難さを兼ね備えていた私は、正直に言って、喧嘩や無免許運転で警察のご厄介になったこともあります。自分が「正しい」と思うと妥協できず、数えられないほど喧嘩をしてしまいました。「今、車に乗りたい」と考えると、免許を取る前に、親の車を乗り出してしまう子でした。

今となってはオヤジには「こんな自分を育てるのは大変だっただろうな」と頭が下がる思いです（「巨人の星」の星一徹のようなオヤジも他界して久しいです）。オヤジとの確執と不良の度が過ぎて、家出をして不良の本職にスカウトされたこともありました。

親分と呼ばれる人と車に乗って父の家の前を通りかかったとき、「この家を地上げしろと言われたら、できないな。俺はやっぱり本当のワルじゃないわ」と思ってすぐにその世界から逃げ出しました。親子の確執があったとしても、多少歪んでいたとしても親、保護者の愛情はいずれお子さんに伝わります。

保護者さんは安心して全身でぶつかってください。

こんな私が、翼学院グループの学院長としてお子さんの指導やご家庭の支援を仕事にでき、大学の客員教授として社会起業家を目指す学生の指導にあたることができているのも、「本やインターネットから情報を入手して、分析し、自分で考え判断して、意思決定、修正する力」＝（私が考える）「学力」を子どものころに身につけていたおかげです。

大学の成績は最悪でしたが、翼学院グループ創業後入学した大学院は、優秀大学院生として表彰され、修了しました。「自分のお金で限られた時間で学ぶことになると、一生懸命勉強するのだな。大学時代にこれだけ真面目に勉強していたら……」と我ながら感じ入っています。

「学力」に限らず、「それぞれにとっての真に必要な力」を身につけておけば、人生は何度でもやり直しができます。工業高校から大学の建築学部に進学して建築家になった教え子もいますし、商業高校から起業家になった教え子もいます。「国数英理社」の成績だけが人生を決めるわけではありません。

悩めるお子さん、ご家庭に思いを込めて本著をお送りします。よろしければＹｏ

uTube、翼学院のホームページも覗いてみてください。受験・生活相談、学習指導の様子をYouTubeで公開しています。みなさんと、オンライン、リアルでお会いできる機会があることを、お子さん1人ひとり、それを支える保護者の方がそれぞれ自分らしい幸せな生き方をされることを心より願っています。

キーワードは「自他と折り合いをつけつつ、得意なことで生きる！」です！

2020年9月吉日

芦澤　唯志

著者紹介

芦澤唯志（あしざわ・ただし）

翼学院グループ代表取締役学院長。慶應義塾大学ＳＦＣ研究所上席所員、情報経営イノベーション専門職大学客員教授、公益財団法人産業教育振興中央会理事、東京都教育庁内東京都産業教育振興会監事等の役職を務める。

早稲田大学政治経済学部、日本大学大学院博士前期課程修了。第７回「日本でいちばん大切にしたい会社」大賞実行委員会特別賞受賞。平成28年度東京都経営革新奨励賞受賞。

児童発達支援・放課後等デイサービス つばさクラブ、高校卒業をサポートする翼学院高等部（第一薬科大学付属高校学習センター）、就職支援部（『内定プラス　一般常識＆最新時事』（新星出版社）の執筆、商工会議所所属企業との連携に基づくインターン制度の実施など）、オンライン指導部・メディア事業部がワンストップで就学前から進学就職段階までサポートしている。ADHD、双極性障害、愛着障害、睡眠障害、ひきこもりの当事者でもある。

■漫画■　サード大沼
漫画家、イラストレーター。

児童書やビジネス書などの書籍から、グルメ漫画、雑誌、ウェブまで幅広い分野で活動中。

本文イラスト：芦澤和美

発達障害《はったつしょうがい》・グレーゾーンの子《こ》の受験《じゅけん》を突破《とっぱ》する学習法《がくしゅうほう》　〈検印省略〉

2020年　10　月　31　日　第　1　刷発行

著　者――芦澤 唯志（あしざわ・ただし）
発行者――佐藤 和夫

発行所――株式会社あさ出版
〒171-0022 東京都豊島区南池袋 2-9-9 第一池袋ホワイトビル 6F
電　話　03 (3983) 3225（販売）
　　　　03 (3983) 3227（編集）
F A X　03 (3983) 3226
U R L　http://www.asa21.com/
E-mail　info@asa21.com
振　替　00160-1-720619

印刷・製本　神谷印刷（株）

facebook　http://www.facebook.com/asapublishing
twitter　http://twitter.com/asapublishing

ISBN978-4-86667-244-1 C2037